일 잘하는 사람은 글을 잘 씁니다

일 잘하는 사람은
글을 잘 씁니다
: 글쓰기가 직장인을 전문가로 만든다

2021년 3월 22일 초판1쇄 발행
2024년 6월 1일 초판2쇄 발행

지은이 김선

펴낸이 김은경
편집 권정희, 장보연
마케팅 박선영, 김하나
디자인 황주미
경영지원 이연정

펴낸곳 ㈜북스톤
주소 서울시 성동구 성수이로7길 30 빌딩8, 2층
대표전화 02-6463-7000
팩스 02-6499-1706
이메일 info@book-stone.co.kr
출판등록 2015년 1월 2일 제2018-000078호
ⓒ 김선
(저작권자와 맺은 특약에 따라 검인을 생략합니다)
ISBN 979-11-91211-13-9 (03320)

북스톤은 세상에 오래 남는 책을 만들고자 합니다. 이에 동참을 원하는 독자 여러분의 아이디어와 원
고를 기다리고 있습니다. 책으로 엮기를 원하는 기획이나 원고가 있으신 분은 연락처와 함께 이메일
info@book-stone.co.kr로 보내주세요. 돌에 새기듯, 오래 남는 지혜를 전하는 데 힘쓰겠습니다.

글쓰기가 직장인을 전문가로 만든다

일 잘하는 사람은
글을 잘 씁니다

김선 지음

넉스톤

평범한 직장인이
자기다움이 살아 있는 전문가로 거듭나는 가장 빠른 길은
직장에서 글을 잘 쓰는 것입니다.

직장인의 글쓰기는 권력이 된다

여기 이 시대를 살아가는 평범한 10년 차 직장인 두 명이 있습니다.

김 과장이 작성한 보고서에는 팀장의 피드백이 빨간색으로 가득합니다. "김 과장! 그래프 몇 개 넣고 몇 줄 적었다고 보고서가 아닙니다. 이 보고서에서 말하고 싶은 내용이 뭡니까? 무슨 내용인지 알 수가 없네요. 이 보고서의 독자는 누구입니까? 생각해보고 다시 보고하세요."

박 과장은 어떠한 보고서를 작성하든 상사들이 지적하는 일이 거의 없습니다. 매끄러운 논리와 구성에 절로 감탄이 나오는 박 과장의 글쓰기는 확실히 강점이 있습니다. 최근 박 과장이 작성한 '미국법인 중장기 전략'은 회사 내에서 임원들이 돌려 보았다는 소문이 돌 정도입니다. 덕분에 연말 승진은 물론, 주재원 발령 1순위가 확실시됩니다.

당신은 어떤 직장인이 되고 싶습니까?

누구에게 조언을 구하겠습니까?

어느 직원과 일하고 싶습니까?

당연히 박 과장입니다.

가상의 사례이지만 직장세계의 냉정한 현실이기도 합니다. 필자와 함께 근무했던 선배 중에 성실하다고 평가받는 분이 있었습니다. 한 번은 그 선배가 회사에서 대형 프로젝트를 담당하게 되었습니다. 프로젝트 전반을 기획해야 하는 상황이었는데, 글쓰기를 힘들어하다가 그만 프로젝트 기회를 놓치고 말았습니다. 그 선배의 프로젝트는 다른 동료에게 넘어가 버렸습니다. 성과 또한 그 동료에게 돌아갔습니다. 그 선배는 조용히 한직으로 물러났습니다.

반면 K사의 김 차장은 평소 글쓰기에 뛰어나다고 알려졌습니다. 김 차장은 회사에서 진행된 'K사 혁신대상' 심사에 팀에서 개발한 애플리케이션 사례를 잘 정리해 제출했습니다. 특별히 김 차장이 새롭게 한 일은 없었고 다만 개발 사례에 대해 깔끔하게 썼을 따름입니다. 결과는 1등이었습니다. 경쟁 부서에서는 '애플리케이션 개발이 뭐 특이한 성과냐'며 질시 섞인 목소리를 내기도 했지만 그뿐. 김 차장은 글쓰기로 팀의 수상에 기여했고, '글쓰기의 달인'이라는 명성과 함께 진급이라는 보상을 받았습니다.

직장인의 글쓰기는 회사에서 권력이 됩니다. 그러나 안타깝게도 박 과장처럼 글쓰기에 뛰어난 직원이 생각보다 많지 않습니다. 20% 정도는 글쓰기를 통해 인정받고 자신의 가치를 높여가지만, 나머지 80%는 오늘도 어제와 같은 글쓰기를 반복하며 업무시간을 그저 살아낼 뿐입니다.

가수는 노래로 말하고, 배우는 연기로, 직장인은 글쓰기로 말합니다. 직장인은 글을 쓰기 싫어도 써야 합니다. 글쓰기는 직장인의 의무이자 책임입니다. 그뿐인가요? 글쓰기는 직장인에게 기회가 됩니다. 회사에서 일 잘한다는 말을 듣기 위해 가장 기본이 되는 것은 글쓰기입니다.

반대로, 글쓰기에 약하면 직장에서 불리한 점이 많습니다.
첫째, 기회를 놓칠 수 있습니다. 업무 진행의 가장 기본이 되는 것이 글쓰기입니다. 좋은 글쓰기가 기반이 되지 않으면 일을 시작할 수 없습니다. 주도하는 사람이 아니라, 따라가는 사람이 됩니다. 글쓰기에 약하면 일을 주도하지 못한 채 다른 사람을 빛내는 조연으로 남게 됩니다.

둘째, 상사와 동료의 신뢰를 받기 어렵습니다. 유시민 작가는 《유시민의 글쓰기 특강》에서 "글을 잘 쓰지 못하면 인생이 통째로 고달파진다"고까지 했습니다. 직장에서 중요한 요소 중 하나는 인간관계입니다. 당신의 글 때문에 조직에 트러블이 생기고, 당신의 부족한 글쓰기 능력 때문에 다른 사람들까지 야근해야 한다면 그들과 당신이 진심 어린 신뢰관계를 형성할 수 있을까요? 술자리에서 맺어진 동료의 우정과 신뢰는 아침이면 이슬처럼 사라집니다. 직장은 실력으로 평가받는 곳입니다.

셋째, 당신의 성과를 홍보할 수 없습니다. 일의 마무리는 성과와 결과에 대한 글쓰기입니다. 직장에서는 결과를 보고하는 것으로 일을 마무리합니다. 글쓰기가 부족하면 결과보고가 부실해집니다. 열심히 노력하고도 제대로 평가받지 못하는 경우가 생깁니다. 연말 고과와 연봉협상 시 당신의 성과를 포장하는 것도 글쓰기입니다. 글쓰기에 약하면 연봉이 깎이고, 진급이 늦어집니다.

이 책에는 글쓰기를 통해 성공을 만들어가고 있는 실제 직장인들의 글쓰기 성공비결을 담았습니다. 감동적인 스토리를 구성하는 법, 아름다운 문장을 구사하는 법에 대해서는 필자도 부족함이 많습니다. 그러나 업무현장의 글쓰기, 직장생활을 든든히 받쳐주는 글쓰기에 관해서는 드릴 수 있는 이야기가 제법 쌓였습니다. 말콤 글래드웰은 《아웃라이어》에서 그 유명한 '1만 시간의 법칙'을 말합니다. 전문가가 되려면 1만 시간의 노력과 투자가 필요하다는 것입니다. 필자는 지난 20년간 회사에서 매일 2~3시간 이상 글쓰기와 관련된 일을 했습니다. 하루 3시간이 1년이면 1000시간, 10년이면 1만 시간입니다. 이렇게 20년을 보낸 덕에 회사에서 제법 인정받는 글쓰기를 하고 있습니다. 이 책에서는 20년 글쓰기 경험을 토대로 직장인의 글쓰기에 대한 생생한 조언을 드리고자 합니다.

아울러 세상을 놀라게 한 인생 선배들의 글쓰기 노하우를 어깨너머로 훔치려고 합니다. 우선 현직 임원들에게 직장인 글쓰기에 대한 생각을 물었습니다. 보고서에 대한 그들의 생각을 솔직하게 이야기해달라고 했습니다. 가감 없는 그들의 속마음을 되도록 날것 그대로 담았습니다.

이 책을 쓰기 전에 시중에 나온 글쓰기 고전들을 읽고 또 읽었습니다. 이 책에서는 다독(多讀), 다작(多作), 다상량(多商量)과 같은 기본적인 이야기는 하지 않습니다. 중요하지 않아서가 아니라, 그런 이야기들은 글쓰기 고전을 참고하면 되기 때문입니다. 이 책은 오로지 대한민국 직장인의 글쓰기에 대한 살아 있는 노하우만 이야기할 것입니다. 이 책을 위해 인터뷰에 응해준 직장인들, 그리고 글의 모델이 되어준 거인들의 직장경력만 1000년입니다. 1000년 직장생활 내공을 함께 나누겠습니다.

단, 한 가지만 약속해주시기 바랍니다. 많은 자기계발서가 책을 덮는 순간 머릿속에서 휘발돼 버립니다. 이 책은 그래서는 안 됩니다. 두루뭉술하게 '글 잘 쓰는 법'이 아니라 직장에서 내 무기가 되어줄 글쓰기를 개발하는 책이기에, 당장 써먹어야 합니다. 변화무쌍하고 험난한 직장생활에서 나를 지켜줄 무기로 만들어야 합니다.

이 책을 읽으면서 단 한 가지라도 당신의 가슴을 설레게 했다면 지금 당장 펜을 드십시오. 적어두십시오. 책상 위에, 수첩에, 컴퓨터 모니터 옆에, 침대 머리맡에 적어두고 딱 한 가지만 실행에 옮겨보시기 바랍니다. 작은 차이가 당신의 글쓰기를 달라지게 할 것입니다. 어제보다 딱 1%만 더 좋아지면 됩니다. 그렇게 1년이면 3배 이상 성장한 당신을 볼 수 있습니다. 당신이 직장생활과 인간관계를 주도하게 될 것입니다.

필자는 회사에서 업무 스트레스로 두 차례나 응급실에 실려 가기도 하고, 일에 대한 두려움으로 밤새 잠을 설친 적도 많았습니다. 직장생활의 오늘에 아파하고, 내일을 두려워하는 당신에게 이 책의 단 한 줄이라도 위로가 되기를 바랍니다. 그 마음으로, 20년 동안 버킷리스트에 담아만 두었던 글을 이제 꺼냅니다. 개인적으로는 글쓰기에 대한 좋은 책을 만나면서 글을 쓸 수 있게 되었습니다. 당신도 이 책을 만나 실천해보기 바랍니다. 이 책으로 기적과 같이 변화된 당신과 차 한잔 나누며, 글쓰기에 대한 추억을 이야기하는 시간을 기대해봅니다.

김선 드림

Contents

왜
직장인에게
글쓰기인가?

Chapter 1

언택트 시대,
글쓰기가 온다

"회사에서 자꾸 글 쓸 일이 생기니
글 쓰는 게 두렵지 않게 되더라고요. 그 후 회장 비서실로
자리를 옮겨 연설문 작성을 보좌하게 되었습니다.
청와대에서 대통령 연설문을 써보겠느냐는
연락을 받은 것도 이 경험 덕분이었어요."
— 강원국, H그룹 사내 강의 중

해보니 할 만한 '비대면'

2021년 1월 대표이사가 취임했다. 코로나19 이전이었다면
취임행사가 진행되었을 것이다. 행사장소 준비, 무대 세팅, 사회
멘트 준비, 임직원 소집, 외부 초청인원 안내, 영상 준비, 행사
전 음악 준비, 행사장 레이아웃 확정 등 머릿속에 떠오르는 절
차만 생각해도 총무팀이 1~2주 이상 촘촘하게 준비해야 하는
업무량이다.

회사가 달라졌다. 비대면으로 업무가 진행되면서 오프라인

취임행사는 실시하지 않는다. 그 대신 신임 대표이사의 영상 메시지를 임직원에게 공유한다. 취임 메시지가 준비되면 사내 방송, 회사 인트라넷에 올리기만 하면 된다. 그 결과 회사에 어떤 변화가 생겼을까? 예전에는 행사 진행을 잘한다고 인정받던 실무자들이 일손을 놓게 되었다. 대신 취임사를 준비하는 글쓰기에 강한 직원이 인정받았다. 형식적인 절차와 의전이 사라지면 메시지에 집중할 수밖에 없다. '글쓰기'가 핵심이다.

당신의 글쓰기는 어떠한가? 비대면 시대에 당신의 글쓰기는 안전한가? 코로나19 환경은 곧 지나갈 것이라 생각하는가? 예전의 비즈니스 환경이 다시 돌아올 것이라 생각하는가? 그렇다면 그 생각을 내려놓아야 한다. 이유가 있다.

첫째, 비대면 업무 환경은 생각보다 오래 지속될 것이다.

미국 월가 전문가들은 2021년에도 코로나 상황은 계속될 것으로 전망하고 있다. 빌 게이츠는 2021년 백신 접종으로 코로나19 확산이 감소해도 실질적으로는 2022년 이후에나 코로나 사태가 끝날 것으로 예상했다. 과학자들은 제2, 제3의 코로나 바이러스 발병을 경고하고 있다. 언제든지 바이러스에 의한 재앙이 재차 도래할 수 있다는 것이다. 비단 코로나가 아니더라도, 지금 이 변화를 잠깐 모면하자는 생각으로는 직장에서 안전할 수 없다. 당신의 일하기가 지금과 달라져야 하는 이유다.

둘째, 실제 일해보니 생각보다 할 만하다.

　2020년 대다수 기업이 코로나로 큰 위기를 맞았지만 기업 운영이 멈춘 것은 아니었다. 단적인 예로 국내외 출장이 중단되고 대규모 재택근무라는 초유의 조치가 내려졌지만, 생각보다 큰 무리 없이 업무가 진행되었다. S그룹 내부에서는 그동안의 막대한 해외 출장이 꼭 필요한 것이었나 하는 목소리가 나오고 있다고 한다. H그룹에서도 직원들의 코로나 감염예방을 위해 불가피한 경우가 아니면 출장을 보내지 말라고 지침을 내렸다. 대면업무의 공백은 영상회의와 이메일이 메우고 있다. 코로나19에 따른 초창기 혼선이 조금씩 정리되고, 새로운 업무방식이 정착되고 있다. 비대면 업무가 생각보다 할 만하다는 이야기가 기업에서 나오고 있다.

셋째, 조직문화가 바뀌고 있다.

　보수적이던 기업의 조직문화가 강제적으로(?) 변화되고 있다. 비대면 업무방식이 기업에 이식되고 있다.

　필자는 회사에서 조직문화 관련 업무를 한 적이 있다. 변화의 가장 큰 저항은 팀장과 임원이었다. 그들은 그동안의 성공방식을 바꾸고 싶어 하지 않았다. 조직에서 파워는 팀장과 임원들이 가지고 있다. 기업의 조직문화가 쉽사리 바뀌지 않는 이유다. CEO가 몸소 실천하고 조직문화를 바꾸라고 입이 닳도록 이야기해도 바뀔까 말까다. 관행과 습관의 힘이 이토록 무섭다.

이러한 조직문화의 관성이 일순간에 무너지는 것을 우리 모두 경험하고 있다. 힘의 원천은 바이러스다. 전자결재 활성화, 대면 보고 축소, 온라인/모바일 보고 활성화, 불필요한 파워포인트 보고서 생산 자제, 재택근무 확대 등 그동안 필요성은 알았지만 실행이 지지부진했던 조직문화 혁신이 몇 달 만에 자리 잡았다. 생존이 달려 있으니 일사천리로 바뀌었다. 생존 앞에서는 변화에 대한 저항이 의미 없어진 것이다.

맥킨지가 발표한 데이터에 의하면 코로나19 대유행 이후 8주 동안 일어난 소비자와 기업의 디지털화가 5년치 변화를 뛰어넘었다고 한다. 엄청난 속도다. 이 변화는 단기간에 끝나지 않을 것이다. 현재의 변화가 그 방향 그대로 계속될 것이다.

언택트 시대, 소통의 핵심은 글쓰기다

이처럼 2020년 코로나19는 기업에 엄청난 변화를 불러일으켰다. 기업의 모든 활동이 타격을 입었다. 생산이 중단되었다.

대면으로 영업을 할 수가 없다. 해외 출장은커녕 국내 출장도 여의치 않다. 직원이나 고객 모두 면대면으로 만나는 것을 부담스러워한다. 꼭 대면이 필요한 업무가 아니라면 메일이나 문서로 주고받게 되었다. 거의 모든 업무가 글쓰기로 진행된다.

전에는 직접 현장에 가서 점검도 하고, 회의도 했다. 인사팀은 직원들을 직접 면담했다. 이제는 메일이나 보고서로 정보를 공유한다. 요즘 대면으로 회의한다고 메일을 보내면 눈총을 받는다. 필자가 업무점검을 위해 그룹사를 방문하려 했더니 코로나19 확진자가 생겨서 오지 말라고 한다.

대면으로 할 수 있는 일이 확연히 줄었다. 그 빈자리를 정보통신기술을 활용해 일하는 스마트워크(smart work)가 채우고 있다. 이제는 옆 부서 사람에게도 말로 하지 않고 메신저나 메일로 협조를 요청한다. 바로 옆에 앉은 동료와도 메일로 소통한다. 팀 내에서도 대면 보고보다는 비대면 보고를 독려한다. 코로나 감염을 염려하여 서로를 배려하다 보니 자연스레 글로 소통하는 경우가 늘었다. 코로나 전에는 말하기와 글쓰기가 5대 5였다면 코로나 이후에는 2대 8이 된 것 같다. 글쓰기가 압도적으로 늘었다.

스마트워크 시대, 비즈니스 환경의 거대한 변화에 뒤처지지 않으려면 직장인도 변해야 한다. 그중 가장 시급한 것은 당신의 글쓰기다.

　총무팀 김 팀장은 재택근무 시행으로 혼란스럽다. 회사에서 정한 재택근무 시행률은 50%인데, 직원들이 서로 하려고 한다. 김 팀장은 솔직히 직원들이 사무실에서 일해주었으면 좋겠다. 재택근무하는 직원들과는 소통하기가 어렵기 때문이다. 경영층의 지시가 떨어지면 먼저 사무실에 있는 직원들을 찾아보게 된다. 시간은 부족한데, 업무 지시를 이메일로 보내려니 답답해서다. 총무팀 일은 '시간이 생명'이기에, 급하면 사무실에서 근무하는 직원들끼리 회의하고 처리하기도 한다. 이 때문에 재택근무하는 직원들의 불만이 커지고 있다. 김 팀장은 일도 잘하고 싶고, 리더십도 인정받고 싶다. 하지만 코로나19 이후 전보다 일하기가 더 어려워졌다.

　해외영업 박 대리는 요즘 불만이 늘었다. 재택근무를 하면서 전보다 더 집중해서 일한 것 같은데 상반기 고과가 낮게 평가된 것이다. 예전에는 팀장에게 구두로 그때그때 보고하고 피드백을 받는데, 지금은 집에서 근무하다 보니 아무래도 보고가 줄었다. 업무 진행을 일일이 설명하기 번거로워 메일로 중간보고를 하지 않았는데, 이 때문에 낮은 평가를 받은 것 같다. 이러다 하반기 고과도 낮게 평가될까 봐 걱정이다. 올해는 승진 대상인

데, 다시 사무실에 가서 일해야 하나 고민이다.

반면 인사팀 최 사원은 요즘 일할 맛이 난다. 사무실에 출근하면 선배들 눈치도 봐야 하고 잡일도 떠안아야 하는데, 집에서는 일에만 집중할 수 있다. 전에는 팀장님에게 대면으로 보고할 때마다 괜히 심장이 두근거려서 힘들었다. 팀장이 항상 바쁘니 보고 타이밍을 잡기도 쉽지 않았다. 팀장이 회의 들어가고, 다른 직원 보고받는 걸 기다리고 하다 보면 시간이 훌쩍 지나갔다. 그러나 이제는 재택근무라 글로 보고하면 되니 훨씬 마음이 편하다. 말을 잘해야 한다는 부담감에서 벗어나 글로 차분히 설명하면 되니 보고도 더 잘되는 것 같다. 최근에 작성한 '해외법인 주재원 처우 개선 방안'에 대해 팀장님이 따뜻한 피드백을 주어서 따로 저장을 해두기도 했다.

재무실 박 상무는 요즘 죽을 맛이다. 말로 해도 될 커뮤니케이션을 일일이 메일로 보내야 한다. 비단 재택근무가 아니어도, 과거에는 불러서 말로 설명하면 될 이야기를 이제는 점점 메신저나 메일을 이용하는 추세다. 최고경영층에도 메일을 써야 하니 이중의 고역이다. 처음에는 직원들에게 일일이 써달라고 했는데, 본부 내에서 글쓰기도 못하는 임원이라고 소문이 돈다고 해서 누구에게 부탁하기도 부담스럽다. 글로 생각을 풀어낸다는 것이 쉽지 않고, 어디서부터 무엇을 어떻게 써야 할지도 모르겠다. 말로 일하고 말로 지시하면서 여기까지 왔는데 갑자기 글쓰기를 해야 하는 환경이 되어버렸다. 글을 척척 써서 최고경영층에 보고하는 인사실 김 상무가 부럽기만 하다.

대관팀 주 차장은 회식의 전설이다. 다양한 폭탄주 만들기, 화려한 언변, 무한대의 주량, 술자리를 지루하지 않게 하는 게임 실력으로 회식 자리를 즐겁게 만든다. 임원들이 대외 인사를 만날 때는 항상 그에게 준비하라고 했다. 주 차장의 생존 비결이었다. 그러나 이제 회식이 중단되고, 대외 접대도 중단되었다. 대관업무를 글로 하라고 한다. 글쓰기에 취약한 주 차장은 죽을 맛이다.

영업팀 박 과장은 화술의 고수다. 상품에 대한 풍부한 지식과 다양한 경험을 풀어내면서 고객과 거래처의 마음을 사로잡았다. 그러나 코로나19 이후로는 고객을 만날 수 없다. 거래처에서도 찾아오는 것을 달가워하지 않는다. 예전에는 신상품을 찾아가서 소개했지만, 지금은 메일로 보낸다. 말로 하면 될 것을 글로 보내려니 답답하다. 고객들이 박 과장의 메일을 잘 열지도 않는 것 같다.

당신은 이미 변화를 몸으로 체감하고 있을 것이다. 예전에는 필력이 조금 부족해도 말 잘하는 직원들이 나름대로 좋은 평가를 받았다. 차분하게 자리에서 글로 일하는 직원들은 오히려 소극적이라고 평가하는 정서도 있었다. 그러나 이제 글 잘 쓰는 직장인들의 시대가 도래했다. 원하지 않아도 조직의 요구로 비즈니스 전면에 나서게 되었다.

언제까지 변화를 외면할 것인가? 과거에는 직장에서의 글쓰기가 실력이었다면, 이제는 생존이 되었다. 지금 당장 당신의 글쓰기를 점검해야 하는 이유다. 당신의 글쓰기는 안전한가? 기존의 글쓰기 실력으로 직장에서 버틸 수 있는가? 당신의 글쓰기 실력을 업그레이드하여 변화된 비즈니스 환경의 주인공이 될 것인가?

글쓰기를 통해
직장인은 전문가가 된다

"알기 때문에 쓰는 것이 아니라,
쓰기 때문에 알게 된다."
— 고(故) 구본형, 변화경영전문가

상상해보자. 최근 당신은 신상품 전략에 관한 보고서를 작성했다. 옆 부서 동기에게서 연락이 왔다. 당신이 쓴 보고서가 사내에 회자되고 있다는 것이다. 신입사원들이 당신의 보고서를 바이블 삼아 쓰기 공부를 한다는 이야기가 들려온다. 당신의 보고서를 읽은 영업 부서에서 조언을 구하고자 연락이 온다. 그룹사 실무자들도 신상품 전략에 관해 물어보고 싶다며 메일을 보낸다. 당신은 그저 보고서를 쓴 것뿐인데 사내에서 신상품과 마케팅 전문가로 인정받는다.

전문가(專門家), 어떤 분야를 연구하거나 그 일에 종사하여 그 분야에 높은 수준의 지식과 실력을 갖춘 사람을 뜻한다. 직장인에게 전문가라는 단어는 매력적이다. 전문가로 인정받으면 연봉에 반영되고, 승진에 영향을 미친다. 더 좋은 직장으로의 이직을 이끌어 준다. 당신의 고용을 보장해준다.

단언하건대 직장인이 전문가가 되는 가장 빠른 길은 글쓰기다. 글쓰기를 통해 한 영역을 파고드는 것이다. 신사업 전략이 될 수도 있고, AI 채용전략이 될 수도 있다. 아마도 당신의 일과 관련된 영역이 될 것이다. 보고서를 작성하면서 자연스레 관련 부문을 공부하게 된다. 공부하지 않으면 쓸 수가 없다. 보고서를 작성하기 위해 하는 공부는 절박하다. 누가 시키지 않아도 깊이 파고들게 된다. 이러한 공부의 결과가 쌓이면 그 분야의 전문가가 된다.

글쓰기가 평범한 직장인을 전문가로 만든다

뜬구름 잡는 격려가 아니라, 다름 아닌 필자의 경험담이기도 하다. 필자가 멕시코법인 주재원이던 시절, 한 번은 담당 임원이 잠깐 보자고 했다. 책상 위에는 법인 조직문화 설문 보고서가 있었다. 법인이 설립된 이후 최초 양산을 위해 전 구성원이 하나 되어 달려왔는데, 막상 양산에 성공하고 나니 조직 내 구심점이 사라졌다는 것이었다. 비전과 미션 수립이 시급했다. 담당 임원은 필자에게 '당신이 비전 전문가이니 추진해보라'고 말했다. 조직문화 업무를 한 것이 10년 전인데도 그분은 나를 계속 전문가로 인정해주었다. 기업문화팀 시절의 수많은 글쓰기 덕분이었다.

지금도 필자는 회사에서 해외법인 경영지원에 관한 전문가로 인정받고 있다. 관련 부문과 회의를 할 때면 필자가 하는 이야기의 무게감이 다르다. 참석자들이 전문가로 인정해주는 것이다. 임원들도 필자의 의견을 물어봐준다. 그룹사에서도 조언을 구하기 위해 연락이 온다. 필자가 처음부터 해외법인 업무에 정통한 것은 아니었다. 관련 자격증이 있을 리도 없다. 그저 해외법인의 경영지원에 관해 수많은 글쓰기를 했을 뿐이다. 선배들의 보고서를 보면서 공부하고 또 공부했다. 그렇게 몇 년간 해외법인에 대한 글을 썼더니 사람들이 전문가라 불러주었다.

필자의 동료 중에는 중국 조직 전문가로 인정받는 이 부장이 있다. 중국 사업과 중국사업본부의 조직운영에 대해 해박한 지식과 통찰력을 가지고 있다. 회사 내에서도 '중국 전문가'로 인정해주어, 중국 사업과 관련한 중요한 보고서를 몇 번이나 그에게 맡기곤 했다. 그런 그가 회식 자리에서 비밀 아닌 비밀을 털

어놓았다. 중국사업본부의 조직 변경에 관해 보고서를 몇 번 썼을 뿐인데 회사에서 중국 전문가로 통한다는 것이다. 심지어 본인은 중국법인 근처에도 가본 적이 없다고 했다. 그래서 자신을 중국 전문가라고 할 때마다 가슴이 철렁한다고 했다.

그러나 필자가 보기에 이 부장은 중국 전문가가 맞다. 자신에게 주어진 보고서를 위해 누구보다 많이 고민하고 공부한 덕분에 중국 전문가가 된 것이다. 이 부장의 반복된 글쓰기가 그를 전문가로 만들어준 셈이다.

글쓰기를 통해 평범한 직장인에서 전문가로 거듭난 대표적인 사례는 경영의 구루 피터 드러커일 것이다. 그는 20세에 프랑크푸르트 최대 신문사에 기자로 입사했다. 기사를 쓰려면 일단 알아야 하겠기에 자연스레 공부를 시작했다. 복잡한 국제정세를 이해해야 하고, 갈등을 조율하는 국제법을 알아야 했으며, 한 사회의 제도와 법률, 역사도 공부해야 했다. 그 과정에서 자신에게 적합한 공부법도 개발했다. 그는 한 주제를 정해 3~4년 동안 꾸준히 파고들어 공부했다. 경제나 경영뿐 아니라 역사, 예술 등 분야를 넘나들었다. 덕분에 그는 다양한 주제에서 건져올린 폭넓은 시야와 독특한 관점을 가진 전문가가 되었다.

직장인 피터 드러커는 글쓰기를 위해 공부했고, 그 결과 다양한 분야의 전문가로 인정받게 되었다. 전문가를 넘어 경영의 구루, 세계적인 석학으로 존경받기에 이르렀다.

당신만의 글쓰기로 전문가가 되어라

박 차장은 재택근무 운영방안에 대해 검토하라는 지시를 받았다. 박 차장의 글쓰기는 남달랐다. 남들은 기존 보고서나 관련 자료 몇 가지를 참고해서 작성했지만, 박 차장은 철저하게 공부를 했다. 현장 사람들과 온라인으로 인터뷰를 하고, 고용노동부 가이드를 분석했다. 다른 기업의 운영사례도 조사했다. 재택근무에 대한 공부가 마무리되자 글을 쓰기 시작했다. 그의 보고서는 대표이사에게까지 올라갔고, 대표이사가 이례적으로 잘 썼다고 칭찬했다고 한다. 팀장 공백이 생기자 박 차장이 추천되었다. 박 차장은 글쓰기를 통해 전문가로 인정받았다. 동기 중에 가장 먼저 팀장을 달 수 있었다.

남의 이야기 같은가? 주변을 돌아보라. 남들보다 글 잘 쓰는 동료나 상사, 후배가 있을 것이다. 중요한 프로젝트일수록 글 잘 쓰는 사람이 빠지는 경우가 드물다. 중요한 프로젝트일수록 풍부한 지식과 통찰이 필요하다. 그만큼 공부를 많이 하게 되고 실력이 향상할 여지가 크다. 역량을 인정받을 기회가 많아지는 것은 물론이다.

글쓰기를 통해 직장인은 전문가가 된다. 필자도 이 책을 준비하면서 글쓰기의 체계를 다시 한 번 정리하게 되었다. 보고서 관련 글쓰기를 하던 필자가 직장인 글쓰기 전문가가 된 것이다. 제대로 알게 되니 후배들을 코칭할 수 있게 되었다. 점점 더 전문가라는 말을 듣게 되었다.

직장생활에 비전이 없다고 생각하는가? 홀로서야 할 때를 생각하면 두려운가? 그럴수록 글쓰기를 권하고 싶다. 전문가가 되면 홀로서기가 더 이상 두렵지 않다. 전문가라는 것은 남들보다 하나라도 더 아는 것이다. 직장인이 전문가가 될 수 있는 최고의 길은 직장인으로서 글쓰기를 하는 것이다.

두렵지 않은 글쓰기, 직장에서 인정받는 글쓰기, 나를 전문가로 각인시켜줄 나만의 글쓰기를 하려면 어떻게 해야 할까? 지금부터 직장인 글쓰기를 업그레이드하는 비결을 알아보자.

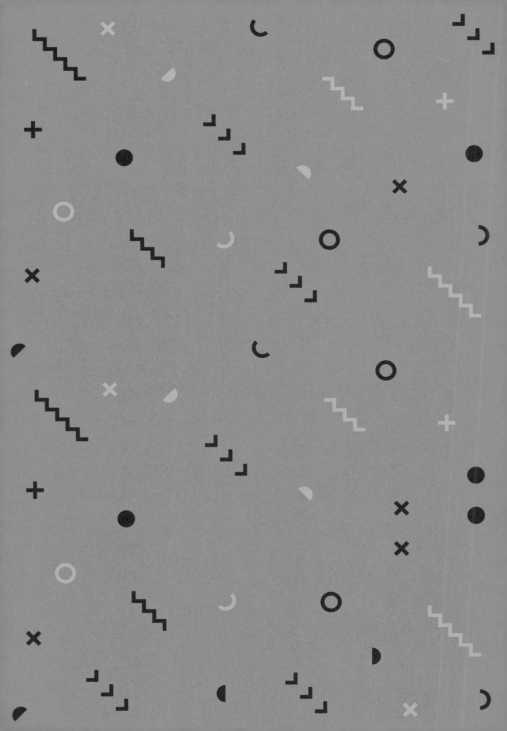

일단,

써라

> "글쓰기는 글쓰기를 통해서만 배울 수 있다."
> — 나탈리 골드버그, 《뼛속까지 내려가서 써라》(한문화)

직장인이라면 누구나 잘하고 싶은 것이 보고서 작성이다. 어떻게 잘할 수 있을까?

당신이 육상선수라고 생각해보자. 잘 달리고 싶어서 달리기에 관한 이론을 배웠다. 다른 선수도 벤치마킹하면서 달리는 법에 대해 누구보다 잘 알게 되었다. 그리고 시합장에 나간다. 잘 달릴 수 있을까?

아니다. 시합에서 승리하려면 평소에 달려야 한다.

당신은 일단 써야 한다

당신은 지금 컴퓨터 앞에 앉아 있다. 보고서를 써야 한다. 무엇부터 해야 할까? 오피스 프로그램을 연다. 그리고 제목이든 첫 문장이든 쓰는 것이다. 위대한 보고서도 여기에서 시작한다. 생각만으로는 아무것도 이룰 수 없다. 쓰기 시작해야 직장인의 글쓰기가 완성을 향해 갈 수 있다.

글쓰기 고전인 《뼛속까지 내려가서 써라》의 저자 나탈리 골드버그는 "열망은 자신이 해야 할 일을 게을리하거나 회피하는 사람에게 절대 저절로 생기지 않는다"고 말한다. 시간을 정해두고 그 시간에는 "그냥 쓰라"고 한다.

주재원으로 나가기 전에 후배와 함께 프로젝트를 진행한 적이 있다. 그에게 보고서 작성법에 대해 알려주었다. 주재원을 다녀와서 만난 후배는 사람이 달라져 있었다. 본부 전체의 글쓰기를 후배가 담당했다. 꾸준한 글쓰기를 통해 성장한 것이다. 본부를 전담해서 글쓰기를 하니 동료와의 격차가 갈수록 더 벌어지고 있었다. 이제는 선배를 뛰어넘는 전문가가 되었다.

글쓰기는 훈련이고, 훈련은 시합 전 선수가 스트레칭을 하는 것과 똑같다. 미국 메이저리그에서 활동하는 류현진 선수는 시합 전에 철저한 루틴을 지켜 스트레칭과 투구연습을 하는 것으로 유명하다.

그런데 직장을 둘러보면 의외로 소홀히 하는 것이 글쓰기 훈련이다. 시간이 지나면 저절로 잘 쓰게 된다고 생각하는 것 같다. 단언컨대 그렇지 않다. 필자의 10년 차 후배, 20년 차 동료들 중에도 여전히 글쓰기를 힘들어하는 이들이 있다. 글쓰기는 훈련이 필요하다. 조금만 훈련하면 5년, 10년 직장 선배를 앞지를 수도 있는 것이 글쓰다. 선배들도 글쓰기로 성장하는 후배들에게 언제든지 밀릴 수 있다는 생각을 해야 한다. 직장에서 아무리 고참이라도 글쓰기를 후배들에게 시키기만 해서는 안 된다. 선배, 상사들도 글쓰기 훈련을 해야 생존할 수 있다.

　최근에는 비대면 근무 환경이 증가하면서 임원들도 글을 써야 하는 경우가 많아졌다. 대면 보고보다는 간단한 이메일 보고 문화로 바뀌고 있다. 이메일 보고 문화로 바뀌고 나서 초기에는 실무자들 사이에 볼멘소리가 쏟아져 나왔다. 임원들 때문에 중복해서 일하게 된다는 것이다. 1차로 파워포인트 보고서를 만들면, 임원이 문서를 읽고 이해한다. 그러고 나면 2차로 담당 임원이 회사 대표에게 보낼 내용을 이메일 형태로 다시 작성한다는 것이다. 같은 내용으로 글쓰기를 두 번 하는 셈이다.

　지금은 문화가 많이 달라졌다. 그렇게 두 번씩 일해서는 속도가 날 수 없다. 변화에 뒤처지게 된다. 임원들 스스로 안다. 그렇게 해서는 생존할 수 없다는 것을. 이제는 임원들이 스스로 글을 쓰는 경우가 많아졌다. 특히 젊은 임원이 증가하면서 더욱 가속화되고 있다. 젊은 임원들은 이메일을 통해 최고경영층과 소통하는 데 거리낌이 없다.

일단 쓰는 5가지 방법

입사하자마자 바로 글쓰기를 잘하는 신입사원은 많지 않다. 회사에는 직장인의 언어가 있기 때문이다. 학교의 언어와 다르고, 일반 사회의 언어와도 또 다르다. 회사의 글쓰기는 그 회사의 조직문화, 전통, 업종 특성, 업무 스타일, 분위기가 녹아 있는 특별한 언어를 반영해야 한다.

회사 언어를 모르는 신입사원이 글쓰기의 달인이 되려면 연습이 필요하다. 아이가 걸음마를 하듯 회사의 글쓰기도 걸음마가 있다. 육상대회에 나가기 위해서는 달리기 훈련이 필요하다. 달리기 훈련 없이 바로 우승할 수는 없다. 마이클 조던을 농구 천재로 알고 있지만, 실상 그는 노력형 천재다. 팀이 함께하는 연습시간 외에도 하루에 9000번씩 개인 슛 연습을 했다. 골프 황제 타이거 우즈는 세 살에 골프를 시작했고, 한국 프로야구의 라이온킹 이승엽 선수도 지독한 연습벌레로 유명했다. 매일의 훈련이 쌓이면 경기에서 실력을 발휘할 수 있다.

일단 쓰기 위해서는 마음가짐이 필요하다. 동기부여라 해도 좋고, 방법론이라 해도 좋다. 5가지 방법을 소개하겠다. 함께 따라 해보자.

첫째, 평범한 것을 매일 써라.

식상한 이야기겠지만 매일 한 줄이라도 써보는 훈련이 필요하다. 일일업무, 주간업무, 월간업무 보고자료도 글쓰기 훈련이 된다. 시장동향이나 트렌드 보고와 같은 간단한 메모형 보고도 훈련이 된다. 회의결과 보고도 좋은 훈련 교재다. 매일 쓰다 보면 팀의 사업계획을 쓸 수 있는 근육이 만들어진다. 팀의 사업계획을 쓸 수 있게 되면 회사의 사업계획도 작성할 수 있다. 단, 매일 써야 한다. 갑자기 잘할 수는 없다.

1993년 10월 농구의 신 마이클 조던이 코트를 떠난 뒤 야구선수가 되겠다고 선언했다. 미국 프로야구팀 시카고 화이트삭스와 계약을 맺고 변신을 시도했다. 농구 은퇴 4개월 만에 야구선수가 된 것이다.

그의 야구실력은 수준 이하였다. 메이저리그는커녕 마이너리그 트리플A팀으로 밀려났고, 다시 더블A로 강등당하는 수모를 겪었다. 프로야구 선수로 더 이상 메이저리그에 올라가지 못하고 마이너리그에서 활동해야 했다. 왜일까? 야구선수로서 훈련이 부족했기 때문이다. 야구를 잘하려면 배팅, 주루, 수비 훈련이 필요하다. 이러한 기본 훈련 없이는 천하의 마이클 조던도 갑자기 잘할 수 없다. 직장인의 글쓰기도 똑같다. 훈련이 필요하다.

둘째, 실패를 두려워하지 말라.

못 쓸까 봐 글쓰기를 시작하지 못하는 직장인이 있다. 글쓰기는 배우면 된다. 틀릴까 봐 걱정하는 동료들이 있다. 틀린 것은 고치면 된다. 조금밖에 못 쓸 것 같아서 시작하기를 주저하는 회사원도 있다. 내용은 채우면 된다. 가장 위험한 것은 쓰지도 않고 시작도 하지 않고 포기하는 것이다.

셋째, 매일 읽어라.

인풋이 있어야 아웃풋이 나온다. 먹은 것이 있어야 화장실을 간다. 건강을 위해 10일간 단식을 한 적이 있는데, 3~4일 차부터는 화장실을 안 가게 됐다. 먹은 것이 없기 때문이다. 글쓰기도 마찬가지다. 읽은 것이 있어야 쓸 것이 있다.

직장인이 기본적으로 읽어야 할 것들이 있다. 자신의 업무와 관련된 연구자료, 관련 논문, 연구소 발표자료, 회사 경영환경 분석, 분기별 실적 발표자료, 회사의 주간/월간 보고자료 등이다. 조금은 지루한 작업이어도 매일 읽어두어야 한다. 글쓰기에 반드시 도움이 된다.

넷째, 조직에 하찮은 글쓰기는 없다.

2020년 미국 메이저리그 월드시리즈 4차전에서는 각본 없는 드라마가 연출되었다. 9회말 2사 1·2루 상황에서 평소 대주자나 대수비 요원으로 활용하던 브렛 필립스라는 선수가 타석에 들어섰다. 그날 그는 역전 타점을 올리며 팀의 영웅이 되었다.

9번 타자에게도, 대주자 요원에게도 기회는 찾아온다. 단, 자신의 역할에 충실하면서, 항상 타석에 나갈 준비를 해두어야 한다. 글쓰기도 마찬가지다. 작은 글쓰기를 하다 보면 위대한 글쓰기를 할 기회가 반드시 온다.

간단한 글쓰기를 하찮은 일이라고 생각하는 후배들이 있다. 회사에는 시간은 걸리지만 조직을 위해 해야 하는 일상적인 일들이 있다. 일일동향 보고, 주간업무 보고, 월간업무 보고, 회의결과 정리 같은 일들이다. 작은 일이라도 최선을 다해 글쓰기를 하자. 작은 일에 최선을 다하다 보면 정보가 집중된다. 팀이, 본부가 돌아가는 일을 알게 된다.

은행에 다니는 황 과장은 회의록 작성의 귀재다. 그가 속한 팀의 회의결과는 금융감독원 공식 기록으로 남기 때문에 정확하고 맥락에 따라 잘 정리해야 한다. 전임자들은 회의에서 나온 내용을 그대로 받아적는 데 그쳤지만, 황 과장은 회의 목적을 생각했다. 주요 안건별로 내용을 정리했다. 나중에 회의 내용을 찾아보기 쉽도록 목차를 달고 요약을 만들어두었다. 누가 시킨 것은 아니지만, 더 잘하고 싶은 마음에 매일 더 나은 방식을 고민하며 정리를 했다. 한 번은 차이가 나지 않지만 1년이 지나면 큰 격차가 생긴다. 임원들이 회의 관련한 정보가 필요하면 황 과장을 찾게 되었다. 황 과장이 가장 잘 정리해두었기 때문이다. 임원들이 황 과장의 글쓰기를 신뢰하게 되었다. 회의록뿐 아니라 전략보고 및 조직의 중요 보고도 결국 황 과장이 주도하게 되었다.

다섯째, 습관의 힘을 활용하라.

양치질은 전 세계인이 공통으로 하는 습관이다. 책은 읽지 않아도 양치는 한다. 1900년대 초만 하더라도 대부분 이를 닦지 않았다고 한다. 그런데 100년도 안 되어 어떻게 전 세계인의 습관이 될 수 있었을까? 여기에는 비밀이 있다. 보상이다. 양치하면 '개운함(시원하고 얼얼한 느낌)'을 보상으로 받는 것이다. 치약 회사들은 이 닦는 습관을 들이기 위해 치약 제조과정에 시원하고 얼얼한 느낌을 주는 물질을 추가했다. 이 물질은 양치 효과와는 전혀 관계가 없다. 단지 양치 습관을 들이기 위해 추가된 것이다.

찰스 두히그의《습관의 힘》에서는 반복 행동, 즉 습관을 만들기 위해서는 보상이 필요하다는 점을 강조한다. 매일 써야 한다면 그 행위에 보상하라. 보상의 루틴을 만들어라. 거창한 것이 아니어도 좋다. 맛있는 커피 한 잔, 쿠키 한 조각, 사탕 하나 같은 작은 것도 상관없다.

필자는 정해진 아침 글쓰기를 하고 나면 달달한 봉지 커피를 한 잔 마신다. 주재원 시절에는 스페인어 어휘를 매일 한 장씩 정리했다. 그리고 스스로에게 커피 한 잔으로 보상했다. 커피를 마실 수 있다는 생각에 즐겁게 어휘장을 정리했다. 그렇게 매일 하니 600쪽이 넘는 책이 되었다. 스페인어를 할 수 있게 되었다. 매일 10여 분 습관의 힘을 실천했을 뿐이다.

글을 잘 쓰고 싶은가? 위대한 글쓰기를 위한 오늘의 조각을 채워넣자. 글쓰기를 두려워하지 말자. 펜이 지나가면 쓸 수 있다. 일단 써라. 될까 하는 의심을 버려라. 당신이 부러워하는 위대한 보고서도 첫 문장을 쓰는 것에서 시작했다. 자, 이제 컴퓨터를 켜서 쓰기 시작하자.

글쓰기도
양으로 승부하라

"많이 경험하고 많이 쓰는 사람을
이길 수 없는 것은 만고의 진리다."
— 법무담당 임원

용인 에버랜드 캐리비안베이에는 대표적인 물놀이 기구가 있다. 높은 곳에 매달린 큰 양동이에서 물을 쏟아붓는 '워터폴 버킷'이다. 물을 쏟아붓기 위해서는 양동이에 물을 채워야 한다. 졸졸 흐르는 물이 일정량 채워져야 시원하게 쏟아져 내릴 수 있다.

다이슨 청소기, 날개 없는 선풍기로 세상을 놀라게 한 영국의 기업가 제임스 다이슨은 먼지봉투 없는 진공청소기를 처음 개발해 시장을 휩쓸었다. 그가 먼지봉투 없는 진공청소기를 위해 만든 시제품만 5127개다. 5126번의 실패를 경험한 것이다. 처음부터 명품 청소기가 나온 것이 아니다. 5126번의 양을 채운 후에 최고의 결과물이 나온 것이다.

글쓰기의 양질전환

미국의 베스트셀러 작가 스티븐 킹은 《유혹하는 글쓰기》에서 작가가 되기 위해 가장 중요한 것은 하루 4~6시간의 집필과 독서라고 한다. 그는 인터뷰를 할 때마다 "생일, 독립기념일, 성탄절만 빼고 1년 내내 글을 쓴다"고 했다. 사실이 아니다. 그는 생일, 독립기념일, 성탄절에도 글을 쓴다고 훗날 고백했다. 너무 일벌레처럼 보이기 싫어서 쉬는 날이 있다고 말했다는 것이다. 그의 위대한 작품들은 절대적인 양을 채우는 것에서 나온 결실이었다.

진부한 이야기가 될 수 있음을 고백한다. 어쩔 수 없다. 진리라는 것은 종종 평범하다. 우리의 일상에서 일어나는 일들이 진리다. '서당 개 3년이면 풍월을 읊는다(堂狗風月)'는 속담이 있다. 서당 개도 절대량을 채우면 풍월을 읊을 실력을 갖추게 된다는 말이다. 영어권에도 비슷한 속담이 있다. 'The sparrow near school sings the promer(학교 옆의 참새가 입문서를 노래한다)'다.

직장인이 글을 잘 쓰기 위해 중요한 것 중 하나는 '양'이다. 아기가 말을 배우려면 수천 수만 번 엄마 아빠의 말을 들어야 한다. 영어도 일정량을 채워야 듣기, 말하기가 된다.

강원국 작가는 《회장님의 글쓰기》에서 글쓰기 양의 중요성을 강조했다. 흔히들 글은 머리가 아니라 엉덩이로 쓰라고 조언한다. 책상 앞에 앉아 있는 시간이 길수록 좋은 글이 나온다고 한다. 마찬가지 의미로 박용환 작가의 《양에 집중하라》에서는 '양질전환의 법칙'에 대해 소개한다. 양이 쌓이다 보면 어느 순간 질적인 변화를 가져온다는 것이다. 액체이던 물이 끓어서 기체가 되려면 100도가 되어야 한다. 양질전환이다. 그런데 여기서 우리가 놓치지 말아야 할 점이 있다. 양질전환이 되려면 100도가 될 때까지 계속 불을 때야 한다는 것이다. 99도에서 멈추면 양질전환은 일어나지 않는다. 글을 몇 번 쓰다가 멈춰버리면 글쓰기가 늘지 않는다.

단순한 비유가 아니라 연구결과로도 입증된 사실이다. 2015년 6월 학술지 〈심리학 프런티어 저널(Frontiers in Psychology)〉에 발표된 논문이 있다.* 뉴멕시코 대학의 신경과학자와 심리학

---

* Jung, R., Wertz, C., Meadows, C., Ryman, S., Vakhtin, A., & Flores, R. (2015). Quantity yields quality when it comes to creativity: a brain and behavioral test of the equal-odds rule. Frontiers in Psychology, 6(864), 42-49.

자가 저술한 "창조의 영역에서는 양이 질을 양산한다(Quantity yields quality when it comes to creativity)"가 그것이다. 이 논문은 아이디어의 질과 양이 높은 상관관계를 보인다고 분석했다. 창조적인 아이디어를 내기 위해서는 어느 정도의 양이 필요하다는 것이다.

《예술가여, 무엇이 두려운가》라는 책에도 유사한 이야기가 나온다. 도예 수업 첫날, 선생님이 학생을 두 그룹으로 나누어 한쪽은 작품의 양으로 평가하고, 다른 한쪽은 질로 평가할 것이라고 했다. 양으로 평가받는 그룹은 그때부터 부지런히 작품을 만들어 양을 채워나갔고, 질로 평가받는 그룹은 최고의 작품 하나를 만들기 위해 고심했다. 과연 최고의 작품은 어느 그룹에서 나왔을까? 양으로 평가받는 그룹이었다. 부지런히 작품을 쌓아가면서 자연스럽게 실수를 통해 배웠던 것이다.

반면 질로 평가받는 그룹이 최고의 작품을 만들지 못했던 것은, 만들다가 조금이라도 마음에 들지 않으면 폐기해버렸기 때문이다. '최고의 하나'는 무수한 시행착오 끝에 만들어진다. 갑자기 글을 잘 쓰는 법은 없다. 오늘 쓰레기가 되더라도 한 페이지를 써야 한다. 쓰다 보면 명품 보고서가 나온다. 20세기 최고의 천재 과학자 알베르트 아인슈타인은 395편의 논문을 썼다. 그중 사회에 중대한 영향을 미친 논문은 극소수다. 지금은 아무도 기억하지 않는 논문이 절대다수다.

세계적인 베스트셀러 작가 세스 고딘이 쓴 책은 100권이 넘는다. 그중 세상에 알려진 책은 10분의 1도 되지 않는다. 세스 고딘은 자신이 100권 이상의 책을 쓰지 않았다면 세상이 기억하는 몇 권의 책도 쓰지 못했을 거라고 말한다. 그의 말이 당신에게 위안이 되길 바란다. 잘 쓸 때까지 일정량의 글을 쓰고 또 써야 한다.

▌글쓰기를 도울 자료의 양을 채워라

멋진 아이디어가 담긴 글쓰기를 하고 싶다고 해서 갑자기 하늘에서 아이디어가 내려오지는 않는다. 무엇이 됐든 계속 쓰려면 쓸 거리가 있어야 한다. 업무와 관련된 자료를 수시로 모아두어야 한다. 당신이 작성한 글도 모아두어야 한다. 회사에서는 자신의 보고서를 참고해서 써도 표절이 아니다. 오늘 쓴 글은 내일 당신에게 힘이 된다.

늘어가는 뱃살을 보면서 운동해야겠다는 마음이 들었다. 코로나로 헬스장 이용이 어려웠다. 간단하게 할 수 있는 철봉을 잡았다. 80kg이 넘는 거구를 팔이 들어올리지 못했다. 지구의 중력이 무섭다는 것을 제대로 느꼈다. 땅이 몸을 끌어당기는 것만 같았다. 그날부터 매달리기를 했다. 그저 매달리기만 한 것이다. 하루가 지나고 일주일이 지나고 2주가 지나니 매달리기가 조금 수월해졌다. 슬쩍 몸을 잡아당겨 보았다. 몸이 쓰윽 하고 철봉을 향해 올라갔다. 그렇게 한 개가 되고 두 개가 되고 10개가 되었다.

운동에도 양이 필요한 것처럼 글쓰기에도 양이 필요하다. 오늘 당신이 채운 작은 글 하나가 내일 팀을 움직이는, 회사를 움직이는 멋진 글쓰기의 토대가 될 것이다. 하루 몇 줄이라도 꾸준하게 채워야 한다. 오늘 하루 양을 채우는 글쓰기를 하자.

당신의 글쓰기에
스토리를 입혀라

> "논리적이고 분석적인 능력만으로는
> 더 이상 성공을 보장할 수 없다. 스토리가 있어야 한다."
> — 다니엘 핑크, 미래학자

알면서도 감동하는 스토리의 힘

필자가 기획실에 근무하던 시절, 직원들이 열광한 사내 조직
문화 프로그램이 있었다. 직원이 자녀의 학교에 찾아가 일일 교
사를 한다는 컨셉이었다. 수소자동차를 타고 학교를 방문해 자
녀의 반 친구들과 피자를 나눠 먹으며 미래의 자동차에 대해 설
명하는 단순한 내용이었다. 이 프로그램에 신청자가 폭주했다.
방문한 학교 반응도 뜨거웠다.

성공의 비밀은 무엇일까? 프로그램 자체는 단순하다. 하지만

프로그램에 녹아 있는 수많은 스토리가 직원들의 마음을 움직였다.

학교에 적응하지 못하는 아이에게 힘이 되어주고 싶다는 아빠, 직장생활 하느라 소원해진 아이들의 마음을 열고 싶다는 엄마, 교사의 꿈을 단 하루만이라도 이루고 싶다는 20년 차 직장인….

살아 있는 스토리가 녹아 있었다.

스토리를 담은 기획의 힘이었다.

지금도 기억에 남는 사연이 있다. 노조활동을 하던 직원이었는데, 아들이 발달장애가 있었다. 노동운동에 전념하다 보니 가족과 보내는 시간이 많지 않았다. 아내와 갈등도 잦았다. 가족에게 잘하고 싶은 마음과 달리 집 분위기는 냉랭해졌다. 아이는 학교에 적응하지 못해 힘들어했다.

아빠가 학교를 방문했다. 서툴지만 밤새 준비한 미래 자동차 이야기를 프레젠테이션하고, 아이들과 모형자동차를 만들었다. 피자도 함께 나누어 먹었다. 수소자동차를 타면서 미래 자동차 기술을 경험했다. (벌써 10여 년 전의 일이니 당시는 수소자동차가 상용화되기 전의 일이다. 회사의 특별 지원을 받아서 진행할 수 있었다.)

일일 교사로 온 아빠가 준비한 시간이 끝나갈 무렵, 아이가 일어나서 더듬더듬 편지를 낭독했다. 선생님과 아이가 준비한 깜짝 이벤트였다. '평소 아빠를 집에서 자주 못 봐서 서운했다. 장애가 있는 자신 때문에 엄마 아빠가 싸우는 것 같아서 미안했다. 오늘 엄마 아빠가 학교에 와서 너무 행복하다'는 솔직담백한 내용이었다. 아이는 "아빠! 오늘 와주셔서 감사합니다. 사랑합니다"라고 울먹이며 편지를 마무리했다. 미사여구 하나 없는 편지에 교실이 눈물바다가 되었다. 아빠도, 아이도, 선생님도, 회사 진행팀도 울었다. 아빠는 아이를 꼭 안아주었다.

행사를 마치고 돌아오는 길에 직원분의 눈가가 촉촉했다. '회사는 투쟁의 대상'이라 생각하고 20년 직장생활을 했다고 한다. "회사에 이렇게 감사하기는 처음"이라는 고백을 했다. 돈이, 노조활동이 주지 못한 감동과 충만함을 느꼈다고 이야기했다. 10여 년이 훌쩍 지난 지금, 그는 정년퇴직을 앞두고 있을 것이다.

기획에 담긴 좋은 스토리는 이렇듯 사람들의 감동을 이끌어낸다.

어떠한 스토리를 담을 것인가?

인간은 태어나면서부터 이야기를 만난다. 우리 삶은 이야기로 가득하다. 동화를 읽고 자랐고, 드라마와 영화를 보면서 이야기에 익숙해진다. 허구인 줄 알면서도 드라마와 영화, 소설을 보며 눈물을 쏟기도 한다. 필자는 최근에 가족과 〈구미호뎐〉을 시청하면서 웃고 울었다. 스토리에 빠져든 것이다.

자녀를 키우는 분들은 알 것이다. 아이들이 책 읽어달라고 하는 통에 피곤한데도 잠을 이루지 못했던 적이 있을 것이다. 아이들은 집에 오면 학교와 학원에서 일어난 일들을 종알종알 쏟아낸다. 스토리에 빠져 있는 것이다.

문자를 발명하기 전에 선조들은 지식과 정보를 이야기를 통해 전할 수밖에 없었다. 아는 것을 말하지 않고, 들은 것을 기억하지 않으면 생존이 위태로웠다. 이야기를 듣는다는 것은 그들에게 생존과 직결되는 문제였다.

흔히 직장에서의 글쓰기는 논리정연하고 간결하면 된다고 생각하기 쉽다. 그러나 비즈니스 세계에서도 스토리의 힘은 막강하다. 스토리 하나로 사업의 운명이 바뀌기도 한다.

대한민국이 조선(造船) 강국이 된 데에는 고(故) 정주영 회장의 스토리가 빠질 수 없다. 1970년대 대한민국은 조선소를 지을 만한 돈이 없었다. 해외에서 차관을 들여와야 하는데, 미국도 일본도 정주영 회장을 상대해주지 않고 미친놈 취급했다. "너희 같은 후진국에서 어떻게 몇 십만 톤짜리 배를 만들고 조선소를 지을 수 있느냐?"

마지막으로 영국의 차관을 받으려 했는데, 그러려면 세계적인 조선회사 A&P 애플도어의 추천서가 필요했다. 정주영 회장은 찰스 롱바텀 회장을 찾아가 프레젠테이션하면서 '거북선'이라는 스토리를 입혔다. 당시 500원짜리 지폐에 담긴 거북선 그림을 보여주면서 "한국은 이미 400년 전에 철갑선을 만들었다"며 할 수 있다는 자신감을 보여주었다. 전문가들이 만든 수많은 프레젠테이션과 보고서에도 'No'를 외쳤던 롱바텀 회장은 스토리에 공감하여 추천서를 써주었다. 가난한 나라 대한민국의 일개 건설사가 영국으로부터 차관을 도입한 것이다. 1971년 현대건설의 글쓰기에 스토리가 없었더라면 오늘날의 현대중공업도 없었을지 모른다.

거대한 사업에만 스토리가 중요한 것이 아니다. 직장에서 당신의 글이 얼마나 오래 살아남을지, 얼마나 많은 이들에게 회자될지는 스토리에 좌우된다. 전문 작가가 아닌데 스토리를 입히는 것이 부담스러울 수 있다. 그런 분들을 위해 성공하는 스토리텔링의 공식을 소개한다.

성공하는 스토리텔링의 첫 번째 공식, 쉽고 익숙한 구조여야 한다.
어렵고 복잡한 이야기여서는 안 된다. 어려운 이야기를 읽으려면 에너지가 든다. 반면 익숙한 스토리는 쉽게 읽힌다. 우리에게는 동화, 소설, 역사를 통해 익숙해진 스토리가 있다. 익숙한 스토리에 독자가 공감한다.

성공하는 스토리텔링의 두 번째 공식, 감동을 담아야 한다.
세계적인 시나리오 작가 로버트 맥키(Robert McKee)는 수백 편의 문헌과 시나리오를 연구하여 사람을 감동시키는 스토리의 법칙을 발견했다. 요약하면 다음과 같다.

①[주인공] 삶의 균형을 잃은 주인공이 그 균형을 이루고자 부단히 노력한다.
②[적대세력] 주인공을 방해하는 강력한 힘을 가진 적대세력은 갈등을 일으킨다.
③[지원세력] 주인공을 도와주는 세력, 인연, 도구가 있다.
④[극복/승리] 주인공이 고난을 극복하고 승리한다. 꿈을 이룬다.

사람들에게 사랑받는 많은 이야기는 주인공과 그를 방해하는 적대자가 있고, 그사이에 벌어지는 갈등을 극복하는 과정을 담는다. 〈스타워즈〉나 〈해리포터〉만 봐도 사람이 좋아하는 이야기의 패턴을 그대로 따르고 있음을 알 수 있다. 등장인물의 이름과 단어만 바꿔놓으면 사건과 결말이 일치한다.

〈스타워즈〉에서는 고아 소년 '루크'가 모험을 떠난다. 그리고 초자연적인 '포스'의 영역으로 들어서 '제다이의 기사'가 된다. 그는 '오비완'의 가르침을 받아 '광선검'을 이용해 악의 세력인 '다스베이더'와 대결해 승리를 거둔다.

〈해리포터〉에서도 부모를 잃은 '해리'가 주인공이다. 사촌들에게 온갖 구박을 받으며 자란다. '마법'의 영역으로 들어가 '마법사'가 된다. 그는 '덤블도어'의 도움을 받아 '마법 지팡이'를 이용해 '볼드모트'와의 대결에서 승리를 거둔다.

심지어 이 패턴은 아름다운 사랑 이야기에도 적용된다. 〈타이타닉〉을 보자. 상류사회에 숨 막혀 하던 '로즈'가 '타이타닉' 호에 올라 '금지된 사랑'을 한다. '잭'을 통해 '자신이 진짜 원했던 삶'이 무엇인지 깨달은 로즈는 탐욕스러운 약혼자 '헉슬리'를, 그리고 타이타닉 호에 닥친 '거대한 재난'을 이겨내고 '영원한 사랑'을 가슴에 안은 채 살아간다.

당신이 감동적으로 본 영화가 있는가? 이 법칙을 적용해보라. 신기하게 맞아떨어진다는 사실을 알 수 있을 것이다.

당신의 글에 스토리를 입혀라

직장에서 글을 쓸 때에도 상대방을 설득하는 데 필요한 경우라면 스토리텔링을 담아보라. 글에 힘이 생긴다. 보고서에도 스토리를 담아보라. 스피치에도 사용해보라. 중요한 메일을 보낼 때도 물론 유용하다.

첫째, 스피치 작성에 활용하자.

경영진의 스피치를 작성하라는 지시를 받았다고 생각해보자. 평범한 스피치는 청중에게 감동을 줄 수 없다. 스토리가 담겨야 한다. 필자는 멕시코에서 준공식 스피치를 작성할 때 스토리텔링 비법을 활용해 청중의 큰 호응을 이끌어냈다. 이야기 구성은 앞서 본 스토리의 법칙을 따랐다.

① [주인공] 멕시코 법인이 선인장만 가득한 척박한 땅에 공장을 건설하고자 도전함
② [적대세력] 90일간 계속된 비, 공사 환경의 어려움으로 고난에 처함
③ [지원세력] 구성원의 헌신, 멕시코 친구들의 도움
④ [극복/승리] 고난에도 불구하고 그룹 역사상 최단기간 공장 건설을 이루어냄

스토리는 단순하지만 울림을 준다. 익숙하기 때문에 거부감이 없다. 필자의 경험상 스토리를 담은 스피치를 쓰면 상사의 만족도도 높았다.

둘째, 교안 작성에 활용하자.

교육 교안에 탄탄한 스토리라인이 있으면 교육생을 몰입하게 만든다. 업무 관련 영상을 만들 때에도 스토리의 법칙을 적용해 보면 집중도가 훨씬 높아진다.

멕시코에서 법인 홍보 영상을 만들 때 스토리텔링을 활용했다. 필자의 30분 프레젠테이션보다 5분짜리 홍보 영상이 더 큰 감동을 주었다. 영상에 담긴 스토리가 감동을 준 것이다.

셋째, 프레임을 흉내 내기보다 당신의 스토리를 만들자.

보고서에 단골손님처럼 등장하는 것이 있다. SAWT 분석, 4P분석(price, product, place, promotion), 3C분석(customer, company, competitor), 4C 분석(customer, company, competitor, channel), 5 WHY, AIDMA(attention, interest, desire, memory, action), 맥킨지 7S 모델(shared value, strategy, structure, system, staff, skill, style)과 같은 다양한 분석 툴이 그것이다. 나열하는 것만으로도 머릿속이 복잡해진다. 어떤가? 좀 있어 보이는가? 분

석 툴을 흉내 내면 글쓰기가 멋져 보이리라 생각하는가?

상사의 눈으로 바라보자. 상사는 수많은 글쓰기를 경험했고, 수많은 보고서를 읽은 베테랑이다. 그 상사가 임원급이거나 경영진이라면 더 말할 것도 없다. 당신이 분석 툴을 활용해 보고서를 작성하면 '음, 맥킨지 7S 모델로 조직을 진단했군' 하는 정도로 감흥은 끝이다. 실제 당신의 상사를 감동시키는 것은 유명한 분석기법이 아니라 당신의 보고서에 녹아 있는 스토리다. 예를 들어보자.

"팀장님! 코로나19 시대 비대면 교육 콘텐츠의 필요성에 대해 SAWT 분석과 4C 분석을 바탕으로 필요성을 검토했습니다. 분석 결과 해외 주재원들을 위한 비대면 교육 콘텐츠 개발이 필요합니다."

"팀장님! 코로나로 오프라인 교육이 중단되어 해외법인에서 주재원 교육에 어려움을 겪고 있습니다. 최근 발생한 주재원 황 과장 사고는 주재원 사전 교육이 진행되었더라면 예방할 수 있었습니다. 비대면 교육 콘텐츠를 개발해서 제공한다면 앞으로 황 과장과 같은 사고는 반드시 예방될 것입니다."

당신이 임원이라면 어떤 보고에 귀를 기울이겠는가? 위로 올라갈수록 답은 분명해진다.

지금도 당신 회사에서는 하루가 멀다 하고 보고서가 만들어진다. 대기업이라면 수백 건에 이를 것이다. 버려지는 보고서를 만들 것인가, 위대한 보고서를 만들 것인가? 당신의 보고서를 부각시키는 최고의 방법 중 하나는 글에 스토리를 담는 것이다.

나만의

몰입법을 만들라

> "글쓰기 훈련에 자신을 충실하게 그리고
> 정직하게 몰입하는 사람만이 자기 인생에도 몰입할 수 있다."
> — 나탈리 골드버그, 《뼛속까지 내려가서 써라》(한문화)

당신은 지금 사무실에 있다. 사장님이 지시한 보고서를 쓰는
중이다. 머릿속에는 창의적인 생각과 글감이 흘러 다닌다. 엄청
난 실행전략이 글에 쏟아진다. 쏟아져 나오는 머릿속 생각을 정
리하느라 키보드 자판을 두드리는 손이 따라가기 바쁘다. 화장
실 갈 시간도 아깝다. 목이 마르지만 지금의 몰입을 깨기 싫다.
정신없이 쓰다가 문득 눈을 들어보니 오전 시간이 훌쩍 지나가
고 있었다. 시간 가는 줄도 몰랐다. 글쓰기가 마무리되었다.
작성한 보고서를 한 번 점검한 후 팀장에게 달려간다.

"팀장님! 어제 사장님이 지시하신 사안에 대해 초안을 준비해보았습니다."

팀장은 보고서를 보더니 만족하는 눈치다.

"김 대리 잘했어. 아이디어 좋다. 이걸 언제 했어? 바로 마무리해서 사장님 보고드리러 가자."

이것이 모든 직장인이 꿈꾸는 글쓰기일 것이다. 그러나 현실은 어떤가? 업무 지시를 받은 당신은 오피스 프로그램을 열어 '새문서 만들기'를 한다. 문득 자료를 찾아봐야겠다는 생각이 든다. 검색을 위해 인터넷을 연다. 포털사이트에 들어가니 BTS 공연 소식과 엔터테인먼트 공모주 청약에 대한 기사가 흥미롭다. '아! 이건 놓치면 안 되지' 하며 기사를 계속 읽어간다. 기사 몇 개 클릭하다 보니 1시간이 훌쩍 지나간다. 정신을 차리고 관련 자료 몇 개를 출력해 자리로 돌아온다.

재무팀에서 협조 메일이 왔다고 알람이 뜬다. 열어보니 바로 답장해야 할 내용이다. 회신 메일을 쓴다. 또 시간이 흘러간다. 회사 게시판에 선배 결혼 소식이 올라와 있다. '드디어 결혼하는구나.' 생각난 김에 내가 놓친 경조사가 없는지 게시판 내용을 훑어본다. 그때 사내 채팅창에 쪽지가 도착했다. 옆 부서 동기가 커피 한 잔 하자고 한다. 1층 로비에 내려가 최근 고민과 관심사를 이야기한다. 회사에서의 시간은 계속 흘러간다.

다시 책상에 앉는다. PC 화면에는 여전히 빈 바탕인 오피스 문서가 덩그러니 놓여 있다. 벌써 퇴근 시간이다. 오늘도 보고서를 시작도 못 해보고 팀장의 시선을 피해 퇴근한다. 그러면서 글쓰기에 둔한 자신을 자책한다. 당신이 천재가 아님을 아쉬워한다.

직장에서 당신의 하루는 어떠한가?

▌직장인의 글쓰기에는 몰입이 필요하다

우리가 부러워하는 역사 속 천재들을 살펴보면 공통점이 하나 있다. 바로 몰입이다. 한 가지 주제에 몰입하고, 몰입해서 해결책을 찾아낸다. 뉴턴은 만유인력의 원리를 발견한 비결에 대해 "매일매일 만유인력의 원리에 대해서만 생각했다"고 담담하게 대답했다. 아인슈타인은 "나는 몇 달이고 몇 년이고 생각하고 또 생각한다. 그러다 보면 99번은 틀리고, 100번째가 되어서야 비로소 맞는 답을 찾아낸다"고 말했다.

몰입 이론의 창시자인 미하이 칙센트미하이는 《몰입의 즐거움》에서 몰입(flow)의 희열을 "삶이 고조되는 순간에 물 흐르듯 행동이 자연스럽게 이루어지는 느낌"이라고 설명한다.

글쓰기를 위해서는 몰입할 수 있는 환경으로 자신을 내보내야 한다. 물론 쉽지는 않다. 인간을 '사회적 존재'라고 한다. 직장인은 '조직 내 존재'다. 홀로 직장생활을 하는 것이 아니므로 조직 내에서 몰입을 방해하는 수많은 장애물에 노출된다. 사람도 만나야 하고, 전화도 받아야 한다. 메일로도 소통해야 한다. 직장에서 글쓰기를 방해받지 않으려면 '직장인의 글쓰기 몰입법'이 필요하다. 여기 바로 실천 가능한 3가지 몰입법을 소개한다.

시간에 몰입하라

시간에 몰입하기 위해 필자가 자주 사용하는 방법은 마감효과(deadline effect)다. 기자도 마감에 닥쳐서 쓰는 글에서 특종이 많이 나온다고 한다. 작가도 마감에 쫓겨 쓴 글이 베스트셀러가 되는 경우가 많다. 시험 전날 하는 공부가 집중이 잘된다. 직장인 글쓰기도 시간을 정해놓으면 강제로 집중하게 된다.

시간에 몰입하는 첫 번째 노하우는 '리더'를 활용하는 것이다.
업무 지시를 받을 때 언제까지 필요한지 물어본다. 리더가 정해준 일정을 소리 내어 따라 한다. 마감일이 애매하다면 당신이 리더에게 언제까지 초안을 보고하겠다고 '선언'한다. 스스로 데드라인을 만드는 것이다. 마감이 다가오면 주변이 날 방해해도 휘둘릴 수 없다. 진도가 안 나가도 써야 한다는 절박감에 사로잡힌다. 저절로 집중이 된다. 지금 쓰는 이 글도 토요일 새벽에 일어나서 외부 약속 전에 반드시 마무리하겠다고 생각하고 정신없이 써내려가고 있다. 마감을 정하지 않았더라면 언제 마무리되었을지 모를 글이다.

시간에 몰입하는 두 번째 노하우는 '동료'를 활용하는 것이다.

동료나 선배에게 당신의 보고서를 검토해줄 수 있는지 물어본다. 그리고 시간을 정한다. 동료나 선배에게 당신의 글쓰기 마감시간을 선언하는 것이다. 누군가에게 보여주려고 하면 집중할 수밖에 없다. 엉망인 글을 보여줄 수는 없다. 혼자 볼 때보다 한 페이지라도, 한 줄이라도 더 준비하게 된다. 가능하면 당신이 존경하는 실력 있는 선배에게 부탁하는 것이 효과가 더 좋다.

시간에 몰입하는 세 번째 노하우는 글쓰기 검토를 위한 '회의'를 잡는 것이다.

'오후 3시에 보고서 리뷰를 위한 회의를 하겠습니다'라고 팀 내부에 선언한다. 당신의 글을 팀원들이 함께 보게 된다. 커피

한 잔 마시고 담배 한 대 피우고 와서 슬슬 글쓰기를 할 수 없게 된다. 온 정신과 영혼을 끌어모아 글쓰기에 집중하게 된다.

필자는 지난달에 해외법인 관련 보고서를 작성했다. 일주일 이 지나도록 정리가 되지 않았다. 아침에 출근해서 팀원들에게 오후에 회의실에서 같이 보고서를 검토해달라고 부탁했다. 그 러고는 미친 듯이 글쓰기에 빠져들었다. 일주일이 지나도 안 되 던 것이 2시간 만에 정리되었다. 보고받은 임원의 칭찬은 덤이 었다.

장소에 몰입하라

3년 전 주재원으로 근무할 때 법인 비전과 핵심가치를 수립 하라는 지시가 있었다. 사무실에서 일하다 보니 방해되는 일이 많아 집중이 어려웠다. 현지인 직원들은 팀장의 의견이 필요하 다면서 계속 내 자리로 와 대화를 나누었다. 한국 본사에서도 문의 전화가 끊이지 않았다. 이것이 주재원의 일상이다. 도무지 깊이 몰입할 수가 없었다.

상사와 동료들에게 양해를 구하고, 회의실로 들어갔다. 하루 종일 비전과 핵심가치만 생각했다. 일주일 만에 완성된 보고서 를 들고 회의실을 탈출할 수 있었다. 지금도 해당 법인에서는 필자가 기획한 비전과 핵심가치를 방향 삼아 미래를 향해 달려가고 있다. 몰입하지 않았더라면 없었을 결과다.

회사도 몰입의 힘을 잘 알고 있다. TFT를 조직할 때면 별도의 독립된 공간을 주지 않는가? 단절된 공간에서 몰입하라는 의미다. 다른 업무는 생각하지 말고 주어진 과제에만 집중하라는 것이다. 정말 중요한 과제가 있다면 스스로 몰입을 위한 장소를 만드는 것도 효과적이다.

정신을 몰입하라

서울대학교 황농문 교수는 재료공학계에서 50년 이상 된 미해결 난제를 해결했고, 나노입자에 대한 그 논문은 최우수 논문을 수상했다. 그는 풀기 어려운 연구과제가 주어지면 몰입하려고 노력한다. 황농문 교수는 "몰입 상태에서 몇 날이고 몇 주일이고 내내 그 생각만 하고, 그 생각과 함께 잠들었다가 그 생각과 함께 잠이 깬다. 이런 몰입 상태에서 문제해결과 관련된 새로운 아이디어가 떠오른다"고 말한다.

필자도 어려운 주제에 대해 글을 써야 할 때는 눈을 부릅뜨고 뇌가 이 문제에서 도망가지 못하도록 온 정신을 집중한다. 몰입을 통해 떠오른 아이디어들이 서로 융합하여 글로 쏟아져 나올 수 있도록 과제에만 집중한다. 과제에 몰입하다 보면 아이디어의 실타래가 하나씩 풀리는 짜릿한 경험을 할 수 있다.

보고서에 집중할 때는 되도록 PC의 다른 실행창들은 닫아버린다. 오로지 그 문제와 나만 일 대 일로 만난다. 온 우주 안에 나와 그 문제만이 존재하는 것처럼 생각한다. 여러 가지 일을 동시에 처리하는 멀티태스킹이 말은 멋있어 보일지 몰라도 몰입에는 도움 되지 않는다. 직장에서 멀티태스킹을 하면서 좋은 결과물을 내본 적이 없다. 영화 〈주유소 습격사건〉에서 배우 유오성은 "한 놈만 팬다"는 명언을 남겼다. 직장에서 글쓰기를 할 때는 한 놈만 패라.

글쓰기를 잘하는 직장인들은 이미 몰입하는 글쓰기를 실천하고 있다. 이 글을 읽으면서 고개를 끄덕이고 있을 것이다. 당신이 글쓰기에 몰입하지 못했다고 해서 걱정할 것은 없다. 이제 시작하면 된다. 몰입하는 글쓰기만으로도 당신의 직장생활은 한결 순탄해질 것이다. 연말 고과와 승진으로 보답받을 것이다.

거인의
어깨에서 써라

> "결국 좋은 보고서를 많이 봐야 글쓰기가 는다."
> — 경영지원 담당 임원

| 어느 날 갑자기 에베레스트 정복이 쉬워졌다

1953년 5월 29일 영국 원정대가 최초로 에베레스트를 정복
했다. 그들은 해발 8848m나 되는 에베레스트에 오르기 위해
2000m 높이에 베이스캠프를 설치했다. 아무도 여기에 의문을
품지 않았다. 관행적으로 2000m 지점에 베이스캠프를 설치했
고, 후발주자들은 따랐을 뿐이다. 그렇게 에베레스트는 정복되
기 어려운 산으로 남아 있었다.

그러던 어느 날, 누군가 베이스캠프를 6000m 높이에 설치했

다. 갑자기 에베레스트 등정에 성공하는 이가 매년 수백 명으로 늘어났다. 베이스캠프 위치를 바꾸자 어려웠던 등반이 한결 쉬워진 것이다. 바뀐 것은 베이스캠프 위치뿐이었다.

글쓰기도 마찬가지다. 바닥부터 쓰기 시작하면 도달하기 어려운 과제가 된다. 처음부터 시작하면 시간도 많이 걸리고 힘들다. 글쓰기의 베이스캠프를 정상 근처에 구축하면 한결 쉬워진다. 거인의 어깨에서 쓰면 글쓰기가 편해진다.

필자가 아는 이 차장은 보고서를 잘 쓰는 편에 속한다. 글쓰기에 대한 소신도 있다. 이전 보고서는 참고하지 않는다는 것이 그만의 글쓰기 철학이다. 이전 보고서를 참고하면 선입견이 생긴다는 것이다. 이 차장은 PC에 자료를 저장하지 않는다. 자신의 보고서나 다른 동료의 보고서도 저장하지 않는다. 업무 지시를 받으면 오로지 자신의 생각으로 처음부터 글쓰기를 시작한다.

그의 글쓰기는 문제가 있다. 내용은 둘째치고 시간이 많이 걸린다. 맨바닥부터 시작하니 상사가 기다리는 시간이 필요하다. 상사는 보고서를 무한정 기다릴 수 없다. 때로는 경영층에 바로 보고해야 하는 경우도 있다. 뛰어난 보고서는 우수한 내용 못지않게 타이밍도 중요하다.

훌륭한 보고서를 빠르게 작성하기 위해서는 직장인도 거인의 어깨에서 글쓰기를 할 필요가 있다. 훌륭한 문장가의 글을 보고 배우라는 게 아니다. 우리가 올라서야 할 거인은 회사 안에 있다.

잘 쓰기 위해서는 많이 읽어야 한다

다독, 다작, 다상량이 직장인의 글쓰기에도 적용된다. 다만 직장인이 쓴 보고서를 많이 읽어야 한다. 좋은 보고서를 저장해 두고 수시로 읽자. 보고서를 많이 읽는 사람이 좋은 보고서를 쓸 수 있고, 적절한 문장을 구사할 수 있다.

특히 선배들이 만들어놓은 보고서를 읽어라. 작성자의 의식의 흐름을 따라가면서 한 장 한 장 읽다 보면 내가 무엇을 놓쳤는지, 무엇을 알아야 하는지가 보인다. 필자는 입사해서 안전팀에 배치되었다. 공대생이 아니었기에 모르는 것 천지였다. 그때 선배들의 보고서를 필사적으로 읽었다. 몇 달을 읽으니 팀 업무가 눈에 들어왔다. 팀이 요구하는 글쓰기를 할 수 있게 되었다.

기획 아이디어도 보고서를 많이 읽는 데서 나온다. 갑자기 아이디어가 나오는 경우도 있지만, 대부분은 다른 정보와 충돌하는 과정에 나온다. 필자의 경우에는 해외법인 월간회의 자료가 보물창고다. 천천히 읽다 보면 아이디어가 샘솟는다. 직장인은 회사 내의 보고서를 많이 읽어야 한다.

우물 안 개구리가 되지 않도록 다른 회사의 보고서를 보는 것도 좋다. 생각하는 것과 접근방법이 우리 조직과 달라서 새로울 것이다. 그만큼 자극을 얻고, 새로운 시도를 해볼 수 있다.

최고의 보고서를 활용하라

사내에서 인정받는 보고서를 읽는 데 그치지 말고 모으는 데 집착하라. 양질의 보고서를 생산하는 직장인들이 우리 주변에 반드시 있다. 매번 찾아가서 노하우를 물어볼 수는 없는 일이니, 그 대신 최고의 보고서를 모으자. 그런 다음 자신의 보고서 작성에 활용해보라. 양식을 따라 할 수도 있고, 작성방식을 따라 할 수도 있다. 일부 표현만 참고할 수도 있다. 빈 화면에서 두드리기보다는 기존 보고서 양식에서 작성하면 시간과 에너지를 절약할 수 있다. 그것만으로도 큰 도움 아닌가.

양식의 힘은 크다. 새로운 팀으로 전입을 갔다면 경험 많은 선배와 동료에게 팀에서 표준으로 사용하는 양식이 있는지 물어보자. 기본으로 사용하는 양식을 활용하면 프레임을 고민할 시간을 줄일 수 있다. 10분만 줄여도 6번이 반복되면 1시간이다.

더욱이 양식을 활용하면 조직에서 중요시하는 정보를 빠트리지 않고 작성할 수 있다. 필요 없는 내용을 피할 수도 있다.

단, 잊지 말아야 할 것이 있다. 당신의 보고서도 누군가에게는 부러움을 사는 보고서라는 사실이다. 정 차장은 필자가 부러워하는 글쓰기 전문가다. 그의 보고서를 보면 논리의 흐름이 명확하다. 그리고 따뜻하고 맛있게 쓴다. 읽고 나면 한 편의 영화를 본 듯 개운한 느낌이 든다. 그래서 기회가 되면 정 차장 보고서를 구해서 읽어보는 편이다. 배우기 위해서다.

우연히 커피 한 잔을 하면서 정 차장 보고서로 많이 배운다고 했더니 정 차장이 웃었다. 자신의 보고서가 너무 부끄럽다는 것이다. 그러면서 정 차장은 필자의 보고서를 보면서 배운다고 했다. 서로 웃었다. 그렇다. 당신의 글쓰기도 누군가에게는 도전이 될 수 있다. 그러니 좋은 보고서를 만나더라도 쫄지 말자.

▌지금도 거인의 어깨에서 쓴다

2020년 미국에서 대통령 선거가 치러졌다. 필자에게 미국 대선 결과에 따른 노동환경 변화를 검토하라는 지시가 내려왔다. 바닥에서 쓰기 시작할 것인가? 거인의 어깨에서 써야 한다. 필자도 거인의 어깨에서 썼다. 정책팀과 미국법인에 관련 자료를 문의하고 참고했다. 쉽지 않은 주제였지만 반나절 안에 마무리했다. 상사에게 메일을 보내고 퇴근하여 이 글을 쓰고 있다. 미국 주재원들이 인정했으니 제법 괜찮은 보고서라고 생각해본다. 필자도 거인들의 보고서를 참고하여 등정에 성공할 수 있었다. 글쓰기를 해야 하는가? 오늘 거인의 어깨에서 써보자.

내 글의 독자를
잊지 말라

> "경영층은 바쁘다. 하루에도 수백 개 메일과
> 수십 개의 보고서를 봐야 한다. 실무자들이 보고한 내용 중에서
> 경영층이 관심 가질 만한 내용을 골라서 보고하게 된다."
> — 해외 담당 임원

   김 차장이 회사 미래 전략에 대한 제안서를 쓰고 있다. 회사의
노후화된 브랜드 이미지, 오프라인 중심 판매 시스템의 문제점
을 분석했다. 온라인 판매 전략, 내부 관리 시스템 전환에 대해
서도 정리했다.

   김 차장은 '새로 오시는 부사장에게 드리는 글'이라는 편지
형식으로 회사의 문제점과 개선방안을 담았다. 그는 "지금의 시
스템으로 변화가 없으면 이대로 주저앉아 죽는다. 해외시장과
상품을 연계한 신사업 개척으로 미래를 대비해야 한다"며 온라

인 사업 강화 등의 방안을 제시했다.

그의 글은 부사장단과 대표이사에게 큰 도전을 주었다. 그는 2019년 6월 차장에서 부사장으로 임명되었다. 2020년 4월에는 대표이사 자리에 올랐다. 그의 나이 40대 초반. 해당 기업 역사상 전무후무한 일이다.

직원이 10명 남짓한 작은 회사 이야기가 아니다. 오너 기업의 2세, 3세 승진 소식도 아니다. 쌍방울 CEO 김세호의 실제 스토리다. 그는 차장 직급임에도 독자인 부사장들을 생각하면서 글을 썼다. 글의 독자들을 감동시켰다. 마침내 자신이 쓴 글을 실행하는 경영자가 되었다.

▌직장인의 글쓰기에는 독자가 있다

PC에만 존재하는 글은 죽은 글이다. 출력되어 누군가가 읽어야 의미 있는 글이 된다. 누군가 나의 글을 읽고 실행할 때 생명력을 얻는다. 문학작품은 읽어주는 사람이 없을 때도 있지만, 직장인의 글은 읽어주는 사람이 언제나 있다. 바로 당신의 상사다.

회사에서 글 잘 쓰는 사람들을 지켜보라. 자신의 생각만 담지 않는다. 글의 독자인 상사를 염두에 두고 쓴다. 상사의 생각을 담으려고 노력한다. 실무자의 눈이 아닌 상사의 눈으로 글을 쓰는 직장인이 좋은 평가를 받고 승진도 한다.

소설을 쓰는 작가도 타깃으로 정한 독자층에 맞추어 글을 쓴다. 자기계발서도 그렇다. 기업의 제품과 서비스도 그렇다. 타깃층이 있다. 당신 글의 독자가 누구냐에 따라 글쓰기가 달라져야 한다. 조직의 구조를 다양한 방법으로 분류할 수 있지만, 여기에서는 '팀장'과 '경영자 및 임원'으로 나누어 설명해보겠다. 경우에 따라서는 이사/상무급 임원들이 팀장 역할을 하기도 한다. 이럴 때는 임원이라 할지라도 팀장 대상 글쓰기가 적용될 수 있다.

┃ 팀장 대상 글쓰기
당신의 독자가 중간관리자인 경우다.

첫째, 실행을 염두에 두고 글을 써야 한다.
팀장은 실무를 통해 성장한 부서 업무의 전문가인 경우가 많다. 팀장은 보고서를 보는 순간 시쳇말로 '견적'이 나온다. 그동안 수많은 기획과 실행을 해본 팀장의 눈에는 이게 되는 보고서인지, 안 되는 보고서인지가 딱 보인다. 실무적으로 뜬구름 잡는 기획서를 보면 한숨이 나온다. 아무리 아이디어가 좋아도 실무자의 손을 들어줄 수가 없다. 팀장에게 글쓰기를 인정받으려면 어떻게 실행될지에 대한 고민이 담겨야 한다. 실행을 염두에 두고 써야 실패하지 않는 글쓰기가 될 수 있다.

둘째, 숫자에 신경 써야 한다.

상사들은 일반적으로 숫자에 민감하다. 그것이 정상이다. 그중에서도 숫자에 가장 민감한 리더 계층이 팀장이다. 판매계획, 생산계획, 소요예산, 시장점유율, 수익률, 영업이익, 인원수(직원 수, 고객 수) 같은 숫자가 틀리면 실행할 때 황당한 경우가 생길 수 있다. 팀장이 경영진에 보고하다가 민망한 상황이 발생할 수도 있다. 팀장이 독자인 글이라면 숫자에 각별히 신경 써야 한다.

셋째, 디테일에 강한 글쓰기가 필요하다.

임원과 경영자들은 세세한 것에 연연하지 않는다. 큰 맥락에서 맞으면 실무진에게 추진하라고 한다. 팀장들은 다르다. 보고서를 실행해야 하는 조직의 리더다. 작은 것 하나에도 예민할 수밖에 없다. 작은 문구 하나가 큰 파장을 부르는 경우를 대다수의 팀장이 실제 경험했기에 더 민감하다.

노조가 있는 기업은 인사부서에서 노동조합과 단체교섭을 진

행한다. 이때 단체협약 단어 하나, 문구 하나에 엄청난 후폭풍
이 일기도 한다. 그뿐인가. 고객사나 협력사와 계약서를 작성할
때에도 작은 부분 하나까지 꼼꼼하게 검토한다. 그런 다음 법무
팀에 보내서 법적인 내용을 다시 체크한다. 아무 생각 없이 작
성한 문구 하나가 대형 소송의 원인이 되기 때문이다. 팀장을
대상으로 하는 글쓰기는 디테일에 더욱 신경 써야 한다.

경영자 대상 글쓰기

임원 등 경영자를 대상으로 하는 글쓰기는 팀장에게 보고하
는 글쓰기와는 사뭇 다르다. 나무보다는 숲을 보는 높고 넓은
시야가 중요하다.

첫째, 경영자를 설레게 하는 '왜(why)'를 보여주어야 한다.

당신이 기획서를 준비한다고 생각해보자. '왜' 이 기획이 필
요한지부터 쓰게 될 것이다. '왜'는 모든 글쓰기에서 중요하지
만, 경영자를 대상으로 하는 글쓰기에서는 더욱 핵심적인 내용
이 된다. 경영자는 보고서를 받으면 가장 먼저 보이는 '왜 이 일
을 추진해야 하는가'를 눈으로 스캐닝한다. 다음으로 중간에 놓
인 실무적 내용을 대충 훑어본다. 마지막으로 가장 하단에 위치

한 '기대효과'를 읽어본다. 그리고 의사결정을 한다.

팀장들은 실무자들과 업무적인 공감대가 비슷하다. 목적이 약간 모호하더라도 보고서 전체를 따라가면서 실행에 대해 함께 고민한다. 경영자들은 그럴 시간이 없다. '보고서를 왜 썼는가'를 읽어보면서 80%는 의사결정을 한다. 글을 쓰는 목적에서 경영자를 설레게 만들어야 한다는 뜻이다. 그래야 다음 단계로 나아갈 수 있다. 중간 내용이 아무리 좋아도 초반의 '왜'에서 경영자를 설득하는 데 실패하면 보고서가 사장될 가능성이 크다.

둘째, 경영자의 글쓰기는 '빼기'다.

회장님 보고서를 오랫동안 작성해왔던 현직 임원에게 경영층 대상 글쓰기의 비법을 물었다. 딱 한마디를 했다. "회장님 보고서는 빼기다." 필요 없는 말을 빼는 작업에 온 힘을 기울인다고 했다. 경영층 대상 보고서는 방대한 내용이 올라오기에 정보가 부족한 경우는 없다고 한다. 이 방대한 정보를 빼고 빼서 핵심 내용만 남기는 것이 경영층 보고서. 불필요한 정보와 사족이 없는지를 고민하고 고민한다고 했다.

경영자에게 메일을 쓸 때에도 구구절절 내용을 담아서는 안 된다. 현직 부사장의 메일함을 본 적이 있다. 각 부서에서 업무용 메일만 수백 개가 쏟아져 들어온다. 출장을 한 번 다녀오면 수백에서 수천 개의 메일이 기다리고 있다. 시간이 흘러 놓치는 메일도 있다고 고백했다. 경영자에게 보내는 메일은 핵심 내용만 담아야 한다. 추가정보가 필요하다면 첨부로 넣으면 된다. 되도록 PC 화면에서 스크롤을 내리지 않아도 될 만한 분량으로 작성하는 것이 좋다.

셋째, 경영자의 마인드로 작성해야 한다.

경영자의 시선으로 글 쓰는 직장인이 성공한다. 현대차그룹에서는 비서 출신이 경영자가 되는 경우가 많다. 삼성의 사장단 47%가 비서실 출신이라는 분석도 있다. 필자가 근무하는 회사에서도 비서실 출신이 승승장구하는 경우가 있다. 더러는 최고경영층의 배려를 받아서 좋은 자리에 간다고 오해하기도 하지만, 인사라는 것이 그렇게 간단한 문제가 아니다. 상사의 편애로 성장하는 데에는 한계가 있다.

필자가 같이 일해본 비서실 출신은 관점이 남달랐다. CEO처럼 회사 전체를 생각할 뿐 아니라, 글로벌 경쟁 환경에 어떻게 대응해야 할지 미리 생각했다. 글쓰기에도 큰 그림이 있었다. 실무자들과는 전혀 다른 관점이었다. 경영자와 함께 일하면서 경영자의 마인드를 갖게 된 것이다.

경영자의 생각을 읽을 수 있는 자리에 누구나 갈 수 있는 것은 아니다. 그렇다고 경영자의 관점으로 보는 것을 포기할 수는 없다. 경영자 마인드를 갖기 위한 노력이 필요하다. 경영자가 평소 생각하는 방식을 연구해야 한다. 경영자 신년사, 스피치, 경영자가 보내는 메일, 회의 후 지시사항처럼 일반 직원들에게도 공유되는 경영자의 생각들이 있다. 큰 회사라면 경영자의 매체 인터뷰 자료가 있을 것이다. 이러한 자료를 꾸준히 모으고 분석해보면 경영자의 생각을 알 수 있다. 글을 쓸 때 경영자의 마인드로 작성하면 글의 깊이가 달라진다.

직장에서 글을 생산하는 것은 당신이지만, 당신의 글을 소비하는 사람은 당신이 아니다. 당신의 독자는 상사들이다. 상사 특성에 맞추려 노력하면 상사가 읽기 편한 글이 된다. 당신 생각에 공감하게 된다. 실행으로 나아가는 글쓰기가 될 수 있다.

지금 보고서를 쓰고 있다면 잠시 쓰기를 멈추고 그 글의 독자가 누구인지, 그들이 무엇을 중요하게 여기는지, 무엇을 원하고 있는지 생각해보자. 잠깐의 생각이 당신의 글에 생명력을 불어 넣을 것이다.

상사의
생각을 훔쳐라

"직원들이 가지고 오는 보고서가 마음에 안 들 때
직접 고치자면 끝이 없다. 하나하나 수정하자니
이건 아닌데 싶고 갈팡질팡하기도 한다."
— 협력사 인사실 상무

　대관팀 박 부장은 팀원들에게 업무를 지시할 때 이면지에 대충대충 적어주는 스타일이다. 그의 머릿속에는 원하는 보고서의 레이아웃과 내용이 이미 들어 있다. 즉 팀원들에게 바라는 글쓰기 수준이 정해져 있는 것이다. 문제는 박 부장이 지독한 악필이라는 것. 팀원들은 박 부장의 지시를 정신 바짝 차리고 들어야 한다. 들으면서 따로 메모도 해두어야 한다.

　그럼에도 박 부장의 이면지 메모를 받으면 곤혹스럽다. 암호 해독 수준이다. 팀원들끼리 모여서 박 부장의 메모를 해독해간다. 그래도 알 수가 없다. 이때 구원투수 김 과장이 나선다. 김 과장이 메모 내용을 하나씩 풀어준다. 동료들은 입이 떡 벌어진 다. 암호전문가 뺨치는 메모 해독력에 감탄할 따름이다.

김 과장은 박 부장의 메모를 해독하는 능력만 뛰어난 것이 아 니다. 상사가 시키기 전에 일을 미리 준비해둔다. 연말이면 회 사 사업계획과 팀 사업계획을 비교 분석해서 보고한다. 적절한 시점에 박 부장에게 필요한 경영정보와 업무 자료를 보고한다. 박 부장도 자신의 의중을 정확히 파악하는 김 과장을 신뢰한다. 중요한 프로젝트는 항상 김 과장에게 먼저 맡긴다.

김 과장이 어떻게 한 걸까? 김 과장은 어떤 비법이 있는 걸까?

김 과장처럼 일 잘하는 사람들의 글쓰기를 가만히 지켜보라. 그 사람이 성공하는 데에는 이유가 있다. 상사의 의중과 생각을 정확하게 읽어낸다. 때로는 상사 생각에서 반 발짝 더 나아가 글 을 쓴다. 상사가 쓰고 싶은 글, 읽고 싶은 글을 쓴다. 상사는 자신 의 생각을 가장 잘 이해하는 직원에게 업무 지시를 내리게 돼 있 다. 상사가 막연하게 생각했던 부분까지 그려오면 좋아하지 않 을 수 없다.

상사의 지시가 있었다면 철저하게 상사 입장에서 생각해야 한다. 상사의 언어로 글쓰기를 해야 한다. 나의 언어로만 쓰면 백전백패다. 상사 입장에서 생각해보자. 상사가 구현하고 싶은 방향이 있는데 자꾸 다른 방향으로 실무자가 그려오면 답답할 노릇이다. 그냥 '수고했다'고 칭찬하고 끝낼 수도 없다. 실무자가 상사의 지시를 잘못 알아들으면 일을 맡기기가 부담스러워진다.

여유가 있다면 천천히 직원을 육성할 수도 있다. 차분하게 하나하나 가르쳐줄 수도 있다. 그러나 현대 사회는 바쁘다. 필자와 동료들이 하는 말이 있다. 회사는 딱 숨 돌릴 틈 없을 만큼의 일을 조직에 부여한다는 것이다. '업무 총량 불변의 법칙'이라고 농담처럼 이야기한다. 직원 육성에 많은 시간을 투자하지 못하는 것이 현실이다. 일을 해내려면 어쩔 수 없이 직원이 상사의 생각에 코드를 맞추려고 노력해야 한다.

영어만 리스닝이 중요한 것이 아니다

보고서를 잘 쓰는 후배가 있다. 그가 만든 보고서는 일목요연하다. 논리적 흐름이 매끄럽다. 거기에다 영어도 잘해서 영문 보고서도 잘 쓴다. 후배에 대한 평가는 어떨까? 직속 상사와 이야기를 나누다 깜짝 놀랐다. 평가가 좋지 않았다.

이유를 물어보니, 그 후배가 당최 듣지를 않는다고 했다. 업무 지시를 할 때 한참을 설명하는데 눈빛을 보면 다른 생각을 한다는 것이다. 지시를 앞부분만 듣고는 자신만의 생각에 빠지는 것이다. 후배가 정리해서 온 보고서가 상사의 의도와 전혀 다르게 작성되는 것은 당연한 결과다.

시험에는 출제자 의도라는 것이 있다. 아무리 내 논리가 출중해도 출제자 의도와 다르게 작성하면 오답이다. 직장인 글쓰기에는 상사의 의도가 있다. 상사의 의도를 무시하고 나만의 논리를 전개하면 조직에서 인정받을 수 없다. 문학작품의 글쓰기는 더러 독자를 무시하고 자신만의 작품세계를 구축할 때도 있다. 그러면 독자가 따라온다. 직장인의 글쓰기는 다르다. 철저하게 상사와 소통해야 한다. 상사의 목소리를 들어야 한다. 더 많이 들을수록 더 좋은 글을 쓸 수 있다. 직장인의 글쓰기가 문학과 다른 점이다.

그러니 지시를 받았으면 상사의 의도를 명확하게 재확인하라. 이것만 해도 업무의 50%는 줄일 수 있다. 상사에게 물어보기를 부담스러워하면 몸이 고생한다. 기껏 보고서를 완성했는데 상사 생각과 다르다면 처음부터 다시 작성해야 한다. 상사에게 물어보는 30초가 당신의 일주일을 지켜줄 수 있다. 상사에게 가서 30초만 물어보자.

당신의 업무수첩에 '상사의 생각' 란을 만들자

상사의 관심사가 무엇인지 적어두자. 평소 사용하는 업무수첩에 몇 페이지만 할애해도 된다. 업무에 대한 상사의 철학이나 생각이 담긴 내용을 들을 때마다 적어둔다. 업무 지시도 적어둔다. 한두 줄이 아무것도 아닐지 몰라도, 쌓이면 가치 있는 정보가 된다. 상사의 생각이 온전히 담긴 든든한 무기가 된다.

직장인의 글쓰기에서 난이도가 높은 것 중 하나가 사업계획이다. 평소 수첩에 상사의 생각을 적어두었다가 다음 해 사업계획을 수립할 때 참고해보라. 반드시 아이디어를 얻게 된다. 상사가 원하는 방향, 좋아하는 사업계획 아이디어를 생각해낼 수 있다.

필자의 상사는 유성룡의 〈징비록〉에서 유래한 '징비(懲毖)'라는 표현을 좋아했다. 일단 수첩에 적어두었다. 보고서에 쓰기는 어려운 말이었지만, 보고할 때 슬쩍 언급했다. 상사의 언어를 활용하면 상사도 편하게 받아들일 수 있다.

오답노트를 만들자

공부 잘하는 사람들은 같은 문제를 여러 번 틀리지 않는다. 반복해서 틀리는 문제를 줄여나간다. 이때 유용한 것이 오답노트다. 직장인 글쓰기에도 오답노트는 유용하다.

글을 쓸 때 같은 실수를 반복하는 사람이 있다. 이미 지적한 내용을 직원이 또 틀리면 상사는 은근히 화가 난다. 처음 한두 번은 괜찮지만 계속 실수가 이어지면 '나를 무시하나' 하는 생각까지 든다. 꼰대라 비난해도 어쩔 수 없다. 상사가 지적해준 내용을 모으자. 당신의 글에 상사가 빨간펜으로 수정해준 내용이 있다면 반드시 따로 모아두자. 오답노트를 만드는 것이다.

보고서를 최종 검토하면서 오답노트를 훑어보라. 당신의 글쓰기에서 반복해서 실수하는 내용이 있지 않은지 한 번만 더 점검하자. 세심한 마무리가 명품 글쓰기를 낳는다.

지적하는 상사가 고마운 상사다

보고서를 들고 상사에게 간다. 상사가 지적사항을 엄청나게 쏟아낸다. 보고서의 작성 방향이 맞는지, 관련 자료가 적합한지, 최종 검토의견이 적절한지 묻는다. 상사의 지적을 듣고 있으면 '왜 진즉 생각 못했을까' 자책하게 된다. 식은땀이 흐른다. 몸 둘 바를 모르겠다. 다음에 보고할 일이 벌써부터 아득하고 머리가 아프다.

상사의 생각을 훔치려면 발상의 전환이 필요하다. 지적을 쏟아내는 상사, 당신을 괴롭히는 상사가 고마운 사람이다. 과장 시절에 호되게 코칭해준 임원이 있었다. 생산 프로세스를 잘 몰라서 보고서를 쓸 때마다 엄청나게 깨지곤 했다. 그 상사 덕분에 생산 프로세스를 더 열심히 공부했고, 관련 보고에 자신감이 생겼다.

그러니 지적을 두려워할 필요 없다. 지적하는 상사를 원망할 필요도 없다. 지적도 관심이다. 관심이 없으면 지적도 하지 않는다. 이번에 배워서 다음에 실수하지 않으면 된다. 상사가 코칭해주지 않으면 영원히 그 자리에 머문다. 코칭이 없으면 발전도 없다. 고마운 마음으로 코칭을 받자.

오늘도 자신만의 언어로 글을 쓰고 있지는 않은가? 당신만의 고집에는 아무도 관심이 없다. 상대방의 중병보다 내 손의 작은 생채기 하나가 더 아픈 법이다. 상사의 관심사를 적어두자. 상사의 생각을 훔치자. 글쓰기와 보고서에 큰 도움이 된다. 글쓰기를 잘하는 확실한 방법 중 하나다.

당신의 글쓰기에
동료를 참여시켜라

"관리자도 글쓰기 실력이 필요하다.
직접 보고서를 작성하는 경우는 없지만,
최근 경영층에 직접 메일로 보고하는 경우가 많아졌다."
— 해외 담당 임원

기획실 이 차장은 기획서 작성을 잘하기로 회사에서 유명하다. 문제는 실행이다. 기획을 실행하려고 하면 팀원과 관련 부문의 반응이 뜨뜻미지근하다. 이 차장 혼자서만 일을 할 수 없으니 환장할 노릇이다. 기획과 글쓰기에 문제가 있나 싶어 꼼꼼히 살펴보아도 원인을 알 수가 없다. 이 차장이 필자에게 고민을 상담해왔다.

필자가 진단한 이 차장의 문제는 모든 공을 혼자만의 것으로 챙긴다는 것이었다. 사촌이 땅을 사면 배가 아프다고 하는데,

이 차장 혼자 성과를 누리는 일에 누가 적극적으로 참여하겠는가? 이 차장의 기획과 글쓰기에 동료를 참여시키라고 이야기해주었다.

당신에게는 동료가 있다

프로이트에 의하면 인간의 모든 행동은 두 가지 동기, 즉 성적 충동과 위대해지고 싶은 욕망에서 나온다. 데일 카네기는 저서 《데일 카네기 인간관계론》을 통해 이를 '중요한 인물이 되고 싶은 욕구 또는 자기중요감'이라고 설명했다.

강철왕 앤드루 카네기는 이 욕구를 활용해 세계적인 부자가되었다. 카네기는 펜실베이니아 철도회사에 레일을 납품하기위해 피츠버그에 거대한 제철공장을 세우고, 그 이름을 '에드거톰슨 철강소'라고 했다. 에드거 톰슨은 펜실베이니아 철도회사사장의 이름이다. 이러니 펜실베이니아 철도회사가 어디에서레일을 구입했겠는가?

회사 동료의 '자기중요감'을 자극해보라. 당신의 열렬한 팬이 될 것이다. 당신의 글쓰기에 동료의 생각과 아이디어를 반영해보자. 동료는 최고의 서포터가 될 것이다. 당신의 보고서가얼마나 훌륭한지 부서 안팎으로 홍보하고 다닐 것이다. 회의에서 당신의 기획이 거론되면 동료가 적극적으로 나서서 추진 필요성을 주장해줄 것이다. 누군가 당신의 글에 반론이라도 펼친다면 적극적으로 변호를 할 것이다. 당신은 가만히 있기만 하면 된다.

단, 조건이 있다. 아이디어가 동료에게서 나왔다고 먼저 밝히는 것이다. 그래야 동료가 신이 나서 당신 편이 되어줄 수 있다. 동료의 성과로 돌아가는 것이 서운한가? 사람들은 당신이 기획서를 작성했다고 다 알고 있다. 최종 승리자가 당신이라는 사실은 변하지 않는다.

기획실 시절에 프로야구와 연계한 조직문화 프로그램을 진행한 적이 있다. 신 과장과 대화를 나누던 중 아이디어가 떠올랐고, 팀 회의와 상사 보고 때 이를 공유하며 신 과장의 아이디어라고 덧붙였다. 신 과장의 반응은 어떠했을까? 예상할 수 있을 것이다. 이 기획의 최대 지지자가 되었다. 자신의 아이디어이기 때문이다.

그날부터 신 과장은 주변에 왜 이 프로그램이 필요한지 적극적으로 홍보를 하고 다녔다. 실행되도록 앞장서서 동료들을 이끌었다. 덕분에 성공적인 조직문화 프로그램으로 정착했다. 10년이 지난 지금도 운영되는 장수 프로그램이다.

선배의 생각을 따라잡아라

필자의 경우 신입사원 시절에도 나름대로 글쓰기에 자신 있었다. 대학에서 주관식 논술시험에 단련되었고, 평가도 제법 잘 받았다고 생각했다. 그러나 막상 입사해보니 필자가 쓴 글은 매번 지적의 연속이었다. 상사에게 보고서가 올라가면 빨간색으로 수정되어 다시 내려왔다. 딴에는 잘 쓴 것 같은데 어디가 잘못되었는지 알 수가 없었다.

글쓰기로 고민하는 필자를 보고 함께 일하던 홍 대리가 조용히 팀 문서함으로 데리고 갔다. 선배들이 썼던 보고서가 있는 위치를 알려주었다. 글쓰기 전에 선배들의 보고서를 참고하라는 것이었다. 선배들은 어떤 생각을 했는지 따라가 보라는 것이었다. 선배들의 보고서를 읽고 또 읽었다. 아침에 출근하면 문서함을 여는 것이 하루의 시작이었다.

마침내 이유를 알았다. 회사에는 회사의 언어가 있다. 학교에서 배운 언어로 문서를 작성하니 소통이 안 되었던 것이다. 회사와 팀에서 자주 쓰는 표현과 패턴을 꼼꼼하게 공부했다. 조직에서 선호하는 글쓰기를 연습했다. 다음 보고에서 팀장이 놀랐다. '글쓰기가 아주 좋아졌네'라는 칭찬이 돌아왔다.

단기간에 필자의 글쓰기 실력이 향상된 것은 아니라고 생각한다. 선배들의 글을 보면서 회사의 언어를 연습한 덕분일 것이다. 조직의 생각을 따라 한 결과다.

▎ 후배에게 배워야 한다

점점 직급이 올라가면 왠지 후배들을 코칭해야 할 것 같은 생각이 든다. 그만큼 후배에게 물어보기를 주저하게 된다. 내 무지를 후배에게 인정하는 것 같아 부끄러워진다.

〈논어〉에 '불치하문(不恥下問)'이라는 말이 있다. 아랫사람에게 물어보는 것을 부끄러워하지 말라는 것이다. 고 정주영 회장도 자신보다 직급 낮은 사람에게 묻기를 주저하지 않았다. 직원에게 물어서 자동차 정비 기술을 배웠다. 그렇게 해서 오늘의 현대자동차가 탄생했다. 직원에게 물어서 배 만드는 기술을 배웠다. 그렇게 조선소를 세웠다.

오늘날 일반적인 회사 조직이라면 586세대가 주요 임원 보직을 차지하고 있을 것이다. X세대, Y세대들은 팀장 직급인 경우가 대부분일 것이다. (물론 스타트업과 같은 젊은 기업의 구조는 조금 다를 것이다.) 2000년대 이전에는 대리만 되어도 실무는 하지 않고 결재도장만 찍었다고 하는 전설 같은 이야기가 있다. 지금은 팀장들도 힘들게 실무를 뛰어야 한다. 후배들의 뒤에 숨어서 결재만 하던 시대는 지났다. 급격하게 변화하는 오늘날에는 후배들에게 물어보는 것을 부끄러워해서는 결코 발전할 수 없다.

그럼에도 관리직 가운데 후배에게 묻기를 거부하고 과거의 업무방식을 고수하는 이들이 여전히 있다. 기존 성공경험이 자신의 발전을 막는 것이다. 예전의 좋았던 경험에 기반해 글쓰기를 반복하는 것이다. 빠른 변화에 뒤처지는 선배가 되는 것이다. 일명 꼰대가 되는 과정이다.

물론 자존심 강한 사람이라면 말이 입 밖으로 나오지 않을 것이다. 후배가 다른 의견을 말하면 얼굴이 화끈거릴 수도 있다. 물어보고 싶은 질문이 목에 탁 걸리는 기분일 것이다. 당신이 한때 코칭했던 후배에게 물어본다는 것이 자존심 상할 수도 있다.

철학자 소크라테스는 '이 세상에 유일한 진리는 내가 아무것도 모른다는 것이다'라고 했다. 세상에서 가장 지혜롭다는 사람도 이렇게 말했다. 당신이 모르는 것은 당연하다. 당신의 자존심이 당신을 풍요롭게 하는가? 당신의 자존심이 조직 내에서 성과를 만들어주는가? 꼰대로 남는 것을 경계하자. 그저 겸허한 마음으로 물어보기만 하면 된다. 모른다면 물어보고 필요하면 배워라. 그 편이 조직에 쓸모없는 인간이 되어 버려지는 수모보다는 낫지 않은가?

필자도 보고서를 쓸 때면 후배들에게 조언을 구한다. 최근에는 필자의 글쓰기가 너무 복잡하다는 의견을 들었다. 이야기를 듣고 보니 정말 판결문처럼 복잡하게 글을 쓰는 경향이 있었다. 학교 다닐 때의 글쓰기 습관이 20년이 지나서까지 남아 있던 것이다. 후배의 조언 덕분에 필자의 글쓰기 습관을 냉철하게 바라볼 수 있었다. 덕분에 글쓰기가 한결 깔끔해지고 있다.

고개를 들어 당신 주위를 둘러보자. 당신의 글쓰기에 참여할 많은 동료가 있다. 동료들의 생각을 글쓰기에 활용하자.

글쓰기도
다이어트가 필요하다

신입사원 때는 한두 가지 일만 주어진다. 내용이 조금 복잡해도 천천히 이해하면서 따라갈 수 있다. 복잡한 보고 내용을 차분히 읽을 시간이 있다. 상사가 되면 처리할 일이 늘어난다. 하루가 빡빡하다. 임원들은 하루가 어떻게 가는지 모를 정도로 바쁘다. 하루에 결재하고 점검해야 하는 보고서 양이 상당하다. 회사에서 나오는 경영전략, 경영환경 분석, 산업분석 자료도 항상 숙지하고 있어야 하는 것이 당신의 상사다. 많은 양의 보고서는 상사에게 부담이 된다.

한때 기업도 양으로 승부하던 시절이 있었다. 무조건 열심히만 하면 인정받던 시절이다. 보고서도 양으로 승부했다. 필자의 회사에 전설 같은 이야기가 있다. 최고경영층에 보고하기 위해 참고자료를 핸드카트 가득 작성하게 한 임원이 있었다. 직원들은 엄청난 양의 보고서를 쓰기 위해 매일 야근해야 했다. 경영층에 보고하지도 않을 보고서를 만들어냈다. 혹시 필요할지 몰라서 만드는 것이었다. 매일같이 야근하고 대량의 보고서를 양산하면 일 잘한다고 인정받던 시절이었다. 양이 많을수록 성실함이 드러나는 글이라고 착각했다.

지금은 달라졌다. 양이 아니라 콘텐츠가 중요하다는 사실을 누구나 다 알아버렸다. 보고서의 양이 아니라 보고서에 담긴 컨셉이 중요하다. 단순한 근면성보다 창의적인 게으름이 인정받는 시대다. 보고서 양을 많이 작성할 필요가 없다. 아니, 많이 작성해서는 안 되는 시대가 되었다.

양의 시대에는 생산자 중심으로 작성했다. 읽는 상사 입장이 아니라, 글 쓰는 사람의 입장에서 필요하다고 생각되는 정보를 다 넣으면 됐다. 질의 시대로 이동하면서 관점이 달라졌다. 철저하게 소비자를 고려해야 한다. 글의 소비자인 상사의 이해에 부응해야 한다. 바쁜 소비자를 위해 압축해야 한다. 필요한 정보와 불필요한 정보를 선별하고, 과감하게 솎아내야 한다.

내용을 압축하려면 생각을 더 많이 해야 한다. 필요한 내용만 선별하려면 글쓰기 주제에 대해 전문가가 되어야 한다. 양이 줄 었다고 만만하게 보면 안 되는 것이 직장인의 글쓰기다.

대통령의 글쓰기에도 간결함이 중요하다

• 짧고 간결하게 쓰게. 군더더기야말로 글쓰기의 최대 적이네.
• 수식어는 최대한 줄이게. 진정성을 해칠 수 있네.
• 문장은 자를 수 있으면 최대한 잘라서 단문으로 써주게. 탁 탁 치고 가야 힘이 있네.
• 접속사를 꼭 넣어야 된다고 생각하지 말게. 없어도 사람들 은 전체 흐름으로 이해하네.
• 한 문장 안에서는 한 가지 사실만을 언급해주게. 헷갈리네.
• 단 한 줄로 표현할 수 있는 주제가 생각나지 않으면, 그 글은 써서는 안 되는 글이네.

— 강원국, 《대통령의 글쓰기》(메디치미디어)

노무현 대통령은 글을 잘 쓰는 대통령으로 유명하다. 노무현 대통령은 연설문을 담당하는 강원국 비서관에게 글쓰기 노하우 33가지를 전수했다. 그중 6가지나 간결한 글쓰기에 관한 것이다.

어떻게 간결하게 쓸 수 있을까? 어떻게 단순하게 만들 수 있을까? 3가지를 같이 생각해보자.

글쓰기에서 군살을 빼자

체중이 나가면 듬직해 보여서 좋다고 하던 시절도 있었다. 지금은 다르다. '적정체중'이라는 것이 있다. 키에 맞는 몸무게가 있다는 것이다. 체중이 너무 많이 나가면 건강에 치명적이라는 것을 의학의 발전을 통해 알고 있다.

직장에서도 너무 많은 양의 글은 쓰는 사람에게도, 읽고 의사 결정을 내리는 사람에게도 독이 된다. 글쓰기에도 다이어트가 필요하다.

상사가 보고 내용을 빠르게 전달받기 위해서는 몇 자를 쓰면 될까? 뇌는 한 번에 이해할 수 있는 정보 덩어리가 3~4개에 불과하다. 이 정보를 받아들이는 데 쓸 수 있는 시간은 4~5분 정도다. 한 번에 읽기 좋은 분량은 평균 1000자 정도라고 한다. 글을 많이 쓴다고 해서 상사를 설득할 수 있는 게 아니다. 적절한 분량이어야 상사가 읽기 편하다.

초안이 완성되면 마음먹고 글쓰기 다이어트에 들어가야 한다. 노무현 대통령의 글쓰기처럼 짧고 간결하게 수정하는 것이다. 군더더기가 보이면 삭제한다. 꼭 필요한 경우가 아니라면 접속사는 과감하게 생략한다. 퇴고는 곧 삭제의 여정이다.

파워포인트 노예에서 탈출하자

대한민국 직장인은 숱하게 보고서를 작성하지만 글쓰기를 시켜보면 다들 어려워한다. 필자의 생각에는 파워포인트 때문이다. 최근 회사의 보고서를 보면 대부분 파워포인트로 작성한다. (다만 재무 등 데이터를 다루는 부서는 엑셀을 선호한다.) 파워포인트는 시각적 정보를 중심으로 작성한다. 보기 좋다는 뜻이다. 의사소통 측면에서 효율적인 장점은 있다.

문제는 간단한 보고조차 파워포인트로 한다는 것이다. 모양과 디자인을 꾸미는 데 시간과 노력을 들인다. 형식에 치중하다 보니 내용에 대한 고민이 부족해진다. 콘텐츠에 집중하는 것이 아니라, 형식과 디자인에 더 신경 쓴다.

최근 파워포인트의 문제점을 인식하는 회사가 늘고 있다. 2016년 현대카드는 사내에서 파워포인트 보고서를 금지했다.

두산그룹과 아모레퍼시픽도 동참하고 있다. 현대차그룹도 파워포인트보다는 워드나 메일 보고를 권장한다. 아마존도 파워포인트를 없애고 '6쪽 보고서' 방식을 채택했다. 화려한 디자인 이면에 내용이 사라지는 것을 우려해 글로 쓴 보고를 선택한 것이다.

파워포인트 형식에 집착하지 말고, 내용에 집중해보자. 형식에 집착한 보고서는 바로 알 수 있다. 실행할 때 드러난다. 제대로 실행되지 않는다. 내용에 대한 고민이 부족하기 때문이다. 보고서가 실행에 옮겨져 성과로 남으려면 매끈한 형식보다는 탄탄한 내용에 집중해야 한다.

단순하게 써라

'단순한 것이 최고가 되는 방법이다.' 복잡하게 글을 쓰려는 당신에게 간곡하게 말한다. 단순하게 써라. 필자는 그룹에서 아이디어 혁신대회 심사위원을 한 적이 있다. 짧은 기간에 많은 양의 문서를 검토해야 했다. 그중 어떤 출품작이 본선에 올라갔을까? 그렇다. 단순해야 한다. 너무 복잡한 내용은 심사하기 어려웠다. 심사위원의 마음을 사로잡는 것은 단순한 글이었다.

화려한 글쓰기는 문학에 필요한 것이다. 직장에서는 심플하게 쓰면 된다. 짧게 쓰면 된다. 사실 필자도 제대로 실천하지 못하다가 최근에 후배가 말해주어서 알았다. 어렵고 복잡하지 않게, 단순하게 쓰기로 다시 마음먹었다. 복잡하고 어려운 단어보다는 쉽고 단순한 표현을 쓰고자 노력하고 있다.

내용은 부실한데 두껍기만 한 보고서를 좋아하는 상사는 없다는 것을 기억하자. 보고서를 마무리하면서 불필요한 내용이 없는지 철저하게 점검하자. 애매한 내용은 쓰지 않는 편이 좋다. 정말 하고 싶은 이야기만 고르고 골라서 쓰자. 양을 채우는 글쓰기가 아니라, 내용을 채우는 글쓰기를 하자. 그러면 상사를 설득하는 글쓰기에 다가설 것이다.

상사가 원하는 것은
명확한 결론 하나

"보고서의 핵심만 가려내는 작업에 공을 들인다.
필요 없는 내용을 빼면 보고서는 몇 자 남지 않는다."
— 비서실 출신 임원

▎ 열정 넘치는 김 대리의 50페이지 보고서

'공장 조직문화 개선'에 대해 검토하라는 지시가 있었다. 필자가 기획실에 전입 온 지 얼마 안 되었던 터라 의욕이 불타올랐다. 공장에 대한 이해도가 높아서 보고서 작성은 자신 있었다. 공장 상황도 조사하고, 현장관리자 인터뷰도 진행했다. 경쟁기업 사례도 정리했다. 현장 사진도 첨부했다. 50쪽이 훌쩍 넘어가는 보고서가 만들어졌다.

"이사님! 보고서가 완성되었습니다."

'김 대리 잘했어! 역시 소문대로 일을 잘하는군'이라는 칭찬을 잔뜩 기대했다. 최 이사도 새로 전입 온 대리가 정성스럽게 작성해오니 기특하다는 생각을 했다.

"기대보다 더 열심히 조사했는걸? 한 번 볼까."

보고서를 읽어 내려가는 최 이사의 얼굴이 어두워지는 것을 느낄 수 있었다.

"김 대리! 보고서 내용이 너무 많아서 지금 판단이 어려우니 잠시 후에 오세요."

잠시 후에 최 이사가 불러서 자리로 갔다.

"김 대리! 현장 조직문화의 핵심이 중간관리자인데 이에 대한 대책은 어디에 있나요?"

"25쪽에 내용이 있습니다."

"새로운 사업들이 추진되는데 예산은 어떻게 하죠?"

"40쪽에 있습니다."

"김 대리, 이 보고서에서 말하려는 것이 뭡니까?"

"공장 조직문화를 바꾸자는 것입니다."

"김 대리! 추진하려는 내용이 전반적으로 담겨 있는데 최종적으로 무엇을 하겠다는 건지 알 수가 없습니다. 핵심만 한 장으로 간단하게 정리해주세요."

허탈했다. '모든 내용이 다 핵심인데 무엇을 정리하라는 걸까? 모든 아이템이 다 중요한데 어떻게 요약을 하나? 일단 실행하면 안 되나?' 하는 생각이 들었다. 얼마 전 필자의 보고서를 다시 열어보고 얼굴이 화끈거렸다. 과제 간 균형도 맞지 않았고, 내용도 이것저것 다 해보자는 식이었다. 보고서 양만 믿고 잘 썼다고 생각했던 것이다.

4차 산업혁명 시대에는 한 장 보고서에 익숙해져야 한다

한 번은 필자의 본부장에게 '직원들을 위해 글쓰기에 관한 조언을 해달라'고 했다. 곰곰이 생각하시더니 이야기를 해주었다. "내용이 너무 많다. 보고서를 압축해서 쓰는 것도 능력이다." 실무자로서 하고 싶은 이야기가 많겠지만, 임원과 경영자 입장에서 궁금한 것은 한 가지라고 했다. '명확한 결론'이다.

필자가 입사했던 때만 해도 보고서의 양이 일의 양으로 평가받았다. 보고서를 받으면 일단 손안에 쥐어지는 두께로 1차 판단하는 상사도 있었다.

격세지감이다. 필자가 다니는 회사에서도 지금은 한 장 보고서를 권장한다. 부득이한 경우 두 장을 넘기지 않고 작성한다. 정말 필요한 추가정보가 있다면 첨부에 몰아넣는다. 상사에게는 한두 장으로 보고를 마무리한다. 한 장 보고가 효율적이라는 것을 알게 되었기 때문이다. 이유는 명확하다.

첫째, 한 장 보고는 생산성이 높아진다.

쓸데없이 보고서를 작성하다 보면 업무시간이 과도하게 투입된다. 보고서를 한 장으로 작성하면 시간을 절약할 수 있다. 보고서 양을 늘리느라 필요 없는 장표를 만드는 경우도 있는데, 이 작업만 생략해도 생산성을 두 배로 늘릴 수 있다.

둘째, 상사의 시간이 절약된다.

필자도 회사에서 중간관리자로 있다. 검토해야 하는 보고서가 매일 몇 개씩 된다. 필자가 모셨던 임원들의 책상에는 언제나 검토하고 결재해야 하는 보고서가 수북하게 쌓여 있었다. 보고서가 너무 길면 요점을 파악하는 데 시간이 걸린다. 한 장 보고서는 요점만 담겨 있어 상사가 의사결정하는 시간을 줄여준다. 상사가 고민하는 시간을 덜어주는 것만으로도 당신은 함께 일하고 싶은 일 잘하는 사람이 된다.

셋째, 빠르게 실행으로 나아갈 수 있다.

직장에서 최종적으로 필요한 것은 보고서가 아니다. 보고서를 통해 실행으로 나아가는 것이다. 보고서에 너무 많은 시간을 들이면 실행이 지연될 수 있다. 빠르게 변화하는 4차 산업혁명 시대에 필요한 것은 방대한 보고서가 아닌 실행이다. 최근에 글로벌기업이 유망한 스타트업을 인수하는 경우가 많은데, 예전에 볼 수 없었던 빠른 의사결정 하에 이루어지고 있다. 보고서만 작성하고 있어서는 글로벌 경쟁에서 이길 수 없다. 빨리 보고하고 직접 실행으로 나아가야 한다.

소프트뱅크에서 손정의 회장은 만나는 것 자체가 힘들다. 사무실에 자리잡고 차분하게 이야기하는 것이 불가능하다. 엘리베이터, 화장실 앞 등 짧은 시간이라도 생기면 그 자리에서 바로 보고한다. 소프트뱅크에 필요한 보고서는 '손정의를 10초 안에 설득할 수 있는 보고서'다. 딱 내용을 파악할 수 있게 만드는 보고서다.

미국의 레이건 대통령 또한 캘리포니아 주지사 시절에 모든 보고서를 한 장으로 작성도록 요구했다. 미국의 공문서는 난해한 글쓰기로 악명 높다. 그는 대통령에 취임 후 정부 문서를 쉽게 작성하라는 대통령령(Presidential Act)을 발동했다. 보좌관들이 작성한 이해하기 어려운 공문서에 분노했다. 그래도 변화되지 않자 보고서를 들고 온 보좌관에게 소리 지르기도 했다고 한다. "요점만 말해. 이 바보야(Keep It Simple, Stupid)!"

당신 상사도 지금 당신에게 마음속으로 이렇게 외치고 있을지 모른다. "요점만 말하라고. 이 바보야!"

한 장으로 요약하는 기술

토요타는 경영학 차원에서 여러모로 연구 대상이 되는 기업이다. 안정적 노사관계, 철저한 원가절감, 자동차 기술 연구, 강력한 인재육성, 독특한 경영철학 등 시사점이 많다. 그중에는 글쓰기 측면에서 참고할 점도 있는데, 바로 '한 장 보고문화'다. 30만 명이 넘는 임직원이 공통 양식으로 보고서를 작성한다. 한 장 보고서다. 회의할 때에도 그 한 장을 놓고 짧게 토의하고 결정한다. 핵심이 담긴 보고서 한 장이 토요타의 의사결정에 중요한 역할을 한다.

그렇다면 한 장 보고서는 어떻게 써야 할까?

먼저 한 장 보고서의 양식이 중요하다. 직원들이 쓸데없는 고민을 하지 않도록 글자 모양, 폰트 크기, 작성 구조를 정해주는 회사가 있다. 그럴 경우 조직과 직장에서 정해주는 양식을 최대한 활용하라. 이 표준 양식을 활용하는 것만으로도 작성자와 검토자의 시간을 절약할 수 있다. 회사에서 정한 양식이 없다면 자신의 스타일에 맞게 표준화된 양식을 만들어두는 것이 좋다. 기본 양식을 만들어놓고 보고서를 쓸 때마다 동일한 포맷으로 작성하는 것이다.

보고서 구조는 목적에 따라 조금씩 달라지지만, 기본이 되는 구조는 ①도입문, ②사실관계, ③내용, ④결론이다. 이 기본 구조 안에서 보고서 목적에 따라 조금씩 변형하여 작성하면 된다.

첫 번째, 도입문에는 제목, 요약, 검토배경, 목적이 들어간다. 보고서는 제목만 봐도 무슨 말을 하려는지 알 수 있게 해야 한다. 요약에는 보고의 전체 내용을 적어준다. 보고서를 검토하는 배경이나 목적도 설명해주어야 한다. 누구나 알 수 있는 검토배경이나 목적이라면 빼도 된다.

두 번째는 사실관계다. 업무 추진사항, 업무현황, 추진경과 등 배경이 되는 사실관계를 작성하면 된다. 시간 순서가 의미 있는 경우라면 날짜별로 적어둔다. 너무 상세해서 한 장이 넘어갈 것 같으면 첨부로 넣어도 좋지만, 가급적 꼭 필요한 내용만 간추려 적어준다.

세 번째는 내용이다. 보고서의 주된 내용을 적는다. 분석 결과, 문제점, 예상 리스크 등이 해당된다. 보고서 목적에 따라 내용도 달라진다. 예컨대 행사 계획 보고라면 세부 일정이 들어가고, 동향을 보고하는 경우에는 동향 내용이 들어간다. 경쟁사 벤치마킹 보고라면 경쟁사를 분석한 내용이 들어간다.

네 번째는 결론이다. 해결책, 제안, 권고, 검토 의견, 향후 계획, 결과, 시사점 같은 내용이다. 보고서의 핵심이 되는 단락으로 작성 시 가장 많이 고민해야 하는 부분이다. 결론에는 실무자 의견이 들어가고 실행에 대한 이야기가 나온다. 결론이 빠진 보고서는 상사의 흥미를 유발할 수 없다. 문제점을 밝히는 보고라 해도 이에 대한 결론(해결방안)이 없다면 상사를 맥빠지게 할 수 있다.

▍한 줄 요약을 하라

보고서 잘 쓰는 컨설팅 회사의 보고서를 보면 특징이 있다. 한 장표에 아무리 내용이 많더라도 반드시 한 줄 요약을 집어넣는다. 바쁜 경영진에게 프레젠테이션하는 경우에는 핵심 한 줄에 집중한다.

한 줄 요약은 상사에게 보고할 때 힘을 발휘한다. 음식을 먹기 전에 메뉴를 알려주는 것과 같다. '오늘은 등심스테이크가 메인인 요리입니다'라고 말해주면 식사하는 사람은 마음의 준비를 할 수 있다. 위장이 스테이크를 소화할 준비를 한다. 한 줄 요약을 본 상사는 '오늘 이런 내용이 보고되겠구나' 하고 들을 준비를 한다.

보고서 내용이 복잡해 상사가 단번에 이해하기 어려울 때에도 한 줄 요약이 유용하다. 열심히 보고하는데 상사가 집중하지 못하고 있다면 한 줄 요약을 먼저 이야기하고 반응을 기다려보자. 상사가 전체 내용을 눈으로 훑은 후에 질문을 해오면 그때 보고를 이어가는 것도 방법이다.

물론 한 장 보고서를 쓰는 데 정답은 없다. 상사마다 원하는 스타일이 다를 것이다. 한 장 보고서에서 가장 중요한 것 또한 당신의 상사다. 상사가 무엇을 궁금해하는지, 무엇을 원하는지를 보고서에 담는 것이 중요하다. 앞서 설명한 한 장 보고서의 구조를 따르되, 상사 스타일에 맞게 보고서를 수정하면 된다.

무조건 한 페이지만 고집할 수 없는 경우도 생긴다. '해외 거점 합리화 방안', '신상품 마케팅 전략' 등 다양한 고민이 필요한 기획은 한 장에 모두 담기가 어렵다. 이때에는 '첨부'를 활용해보자. 각각의 장표를 만든 후에 전체가 완성되면 요약 (excutive summary)을 만든다. 요약으로 보고하고, 첨부는 필요할 때 설명한다. 상사가 궁금한 것이 있으면 첨부에서 골라보면 되기 때문에 한 장 보고서만으로 효율적인 의사결정을 할 수 있다.

　상사가 한 장 보고서를 반기지 않을 때도 있다. 대부분 당신 상사가 보고서의 최종 소비자가 아닌 경우다. 그 또한 상사에게 보고해야 하는데, 당신의 보고서만으로는 설명할 자신이 없는 것이다. 이때에도 '한 장 요약'과 '첨부'를 기억하자. 특히 당신의 상사가 윗선에 보고해야 한다면 최종 결재권자가 할 만한 질문을 예상해 첨부함으로써 상사가 곤란해지는 상황을 예방할 수 있다.

　상사가 한 장 보고를 받을 준비가 되어 있지 않더라도 스트레스받지 말자. 한 장 보고는 빠르게든 더디게든 조직에서 반드시 나아가야 할 방향이다.

　이 글을 통해 한 장 보고서에 대한 기본기를 갖추었다. 오늘 한 장으로 보고서를 마무리하고 빨리 퇴근하자.

설득을 위한 글쓰기 노하우

기획팀에 있을 때 필자와 비슷한 연배의 최 과장이 있었다. 일도 잘하고 뛰어난 동료였다. 그런데 보고서를 올리면 팀장과 항상 논쟁이 붙었다. 팀장의 조언을 들으려 하지 않았다. 자기 생각을 팀장에게 관철하려고만 했다. 팀장을 논쟁으로 이길 때도 있었다. 그러나 최 과장의 연말 고과는 항상 기대보다 낮았다. 최 과장은 자신에 대한 평가를 이해하지 못했다.

직장인 글쓰기는 상사가 당신의 제안대로 하겠다고 마음먹게 하는 것이 목적이다. 상사가 당신의 글에 반해서 자발적으로 움직이면 대부분 일이 순조롭게 풀린다. 상사를 설득했다는 것은 당신 글과 관련된 다른 사람들도 설득할 수 있다는 것이다.

선택지는 두 가지만

반드시 상사를 설득해야 하는 경우가 있다. 이럴 때에는 심리학 이론인 '대조원리(contrast principle)'를 이용해보자. 상사가 결정할 수 있는 옵션 두 가지를 보고서에 제시하는 것이다. 그럼으로써 상사가 직접 선택할 수 있도록 하되, 당신이 추진하고 싶은 안이 있다면 그보다 약간 부족한 안을 비교해서 보여주는 것이 포인트다.

상사들은 합리적인 결정을 해야 한다는 강박관념에 매여 있다. 한 가지 해결책만 들고 가면 과연 이것이 합리적인 해결책인지 일단 의심을 해본다. 더 나은 안이 있지 않을까 하는 마음에 결정을 미루기 쉽다. 반면 두 가지 안이 있다면 'Yes or No'의 문제가 아니라 선택의 문제가 된다. 물론 전제조건은 당신이 설득하고 싶은 제안이 최선의 안이어야 한다는 것이다. 불순한 목적을 가지고 대조원리를 이용하면 반드시 드러나게 돼 있다.

그렇다고 옵션이 많은 것도 좋지는 않다. 부득이한 경우라도 3가지를 넘기지는 말자. 비즈니스는 배스킨라빈스31이 아니다.

골라 먹는 재미를 주는 것이 아니다. 옵션이 너무 많으면 무책임하다는 인상만 준다.

작은 보고부터 시작하는 문전 걸치기 기법

'단계적 요청 기법'이라고도 한다. 1996년 심리학자 프리드먼(J. I. Freedman)과 프레이저(S. C. Fraser)에 의해 처음 연구되었고, 후에 '문간에 발 들여놓기(the foot in the door technique)'라는 직관적인 이름으로 불리게 되었다. 작은 요청에 동의하게 되면 나중에 큰 요청에도 동의할 확률이 높아지고, 다른 요청에도 한결 쉽게 응하게 된다는 것이다.

이해하기 쉽게 실험 결과를 보자. 연구자들은 정원이 있는 집을 찾아가 '어려운 아동을 돕자'고 적힌 볼품없는 표지판을 정원에 꽂게 해달라고 요청했다. 이때 두 가지 접근방법을 사용했다. 한쪽은 아무런 준비 없이 바로 표지판을 들고 가서 꽂게 해달라고 요청한다. 다른 한쪽은 '어려운 아동을 돕는 것에 동의하는지'에 대한 서명운동을 한다. 그런 다음 서명을 받은 집에 방문해서 표지판을 꽂게 해달라고 요청한다.

결과는 어떨까? 전자에는 10%도 동의하지 않았지만 후자는 90% 이상이 동의했다. 어려운 아동을 돕는 데 지지한다고 서명하고 나자, 표지판을 세우는 것에도 쉽게 동의하게 된 것이다.

문전 걸치기 기법은 이렇듯 검증된 설득 기법이다. 직장인 글쓰기에도 적용할 수 있다. '작은 보고'부터 시작해서 상사를 설득하는 것이다. 작은 보고는 두 가지다.

첫째는 초안을 보고하는 것이다. 초안 단계에서부터 상사의 의견을 충분히 반영한다. 초안 보고로 상사의 마음에 한발 걸치고 나면 최종본을 보고하는 것이 훨씬 수월해진다. 더욱이 상사의 생각이 들어갔으므로 설득력도 배가된다.

둘째는 글쓰기 일부분을 먼저 공유하는 것이다. 예를 들어 추진과제가 6가지라면 그중 가장 설득력 있는 과제를 먼저 공유해본다. 상사와 작은 부분에 대해 먼저 공감대를 형성한다. 그런 다음 전체 보고서가 완성되면 종합본을 보고한다. 상사는 이미 작은 부분에 동의했기 때문에 나머지 내용도 긍정적으로 검토할 가능성이 높다.

처음부터 무겁고 어렵고 방대한 내용이 상사에게 보고되는 경우를 생각해보자. 상사는 '어디 제대로 한번 읽어볼까?' 하며 대결하는 마음으로 검토하게 된다. 이미 한 번 봐서 상사도 공감했던 내용의 보고가 올라온다면 훨씬 너그러운 마음으로 보고서를 검토하게 된다. 작은 동의가 큰 동의를 불러온다.

상사들이 벤치마킹에 목숨 거는 이유는?

필자는 자동차그룹에 근무하고 있다. 그룹사에서 가끔 연락이 온다. 그룹사는 완성차 기업들이 해외 인사제도를 어떻게 운영하는지 궁금해한다. 정작 완성차는 다른 대기업과 글로벌기업들이 어떻게 하는지 항상 궁금해한다. 전문 컨설팅 회사를 고용해 공식적으로 벤치마킹을 할 때도 있다.

당신의 보고서를 받은 상사는 다른 팀은 어떻게 하는지, 경쟁사들은 어떻게 하고 있는지 물어볼 것이다. 환장할 노릇이다. 경쟁사에 아는 친구도 없다. 어떻게 추가로 조사할지 답답하다. 보고서대로 소신 있게 시행했으면 좋겠는데, 상사는 왜 꼭 다른 회사 사례를 물어보는 것일까? 자신이 없는 걸까?

심리학자 에이브러햄 테서(Abraham Tesser)는 제니퍼 캠벨(Jennifer Campbell), 수전 미클러(Susan Mickler)와의 공동연구에서 '사회적 증거'에 기대는 경향을 설명했다.* 주어진 상황이 모호하고 불확실성이 높아서 어떻게 행동하는 게 맞는지 쉽게 판단할 수 없을 때, 우리는 다른 사람들의 행동을 그대로 따라 하는 경향이 있다는 것이다.

---

*Tesser, A., Campbell, J., & Mickler, S. (1983). The role of social pressure, attention to the stimulus, and self-doubt in conformity. European Journal of Social Psychology, 13(3), 217–233.

상사들의 마음이 그렇다. 당신의 보고가 불확실성이 높거나 상사 스스로 확신이 없으면, 자연스레 다른 사람의 행동을 궁금해하게 된다. '사회적 증거'를 찾는 것이다. 직장인 보고서에서 벤치마킹 자료는 가장 완벽한 사회적 증거가 된다. 기획 보고서를 작성한다면 다른 유사한 사례는 있는지, 경쟁사들은 어떻게 하는지 조사해둘 필요가 있다. 이러한 조사가 보고서의 설득력을 높여준다. 물론 벤치마킹 자료를 항상 제시할 수 있는 것은 아니다. 이런 경우는 보고 내용과 연관된 공신력 있는 데이터를 조사해 사회적 증거를 제시하면 된다.

세상 하나밖에 없는 보고서가 되는 법

지금은 조금 덜하지만 홈쇼핑을 즐겨보던 시절이 있었다. '한정판매! 이제 얼마 안 남았습니다!'라는 멘트가 나오면 나도 모르게 주문 번호를 누르고 있는 모습을 발견하게 된다. 양복도 사고, 셔츠도 샀다. 가전제품도 제법 구입했다. 지금은 모바일로 쇼핑을 해서 홈쇼핑은 보지 않으니 '한정판매'의 굴레에서 벗어나게 돼 그나마 다행이다.

로버트 치알디니는 그의 저서 《설득의 심리학》에서 이러한 현상을 '희귀성의 법칙'이라고 설명한다. 쉽게 얻어지지 않는 것은 상대적 가치가 높다는 인식이 우리에게 잠재돼 있다는 것이다. 금이나 다이아몬드를 생각하면 간단하다. 쉽게 얻어지지 않는 희귀한 광물이기에 가치가 높은 것이다.

직장인 글쓰기도 그러해야 한다. 누구나 쓰는 글은 상사의 관심을 끌어낼 수 없다. 세상에 하나밖에 없는 희귀한 글을 써야 한다. 당신만이 쓸 수 있는 글을 써야 한다. 그래야 가치 있는 글, 저절로 설득되는 글이 된다.

문제는 그런 주제를 찾기가 어렵다는 것이다. 여기에 필자의 보고 노하우가 있다. 누구보다 빨리 쓰는 것이 비결이다. 다른 사람들이 검토하기 전에 가장 빠르게 보고하는 것이다. 내용이 조금 부족해도 일단 가장 빠르게 보고한다. 내용 보완은 나중에 해도 된다.

2020년 미국 대선이 끝나고 '바이든의 노동정책 전망'에 대한 보고서를 썼다. 당시에는 누구도 쓴 적 없는 주제였다. 가장 먼저 검토해서 보고했다. 첫 보고여서 관심도가 높았다. 많은 부서에서 필자의 보고서를 참조했다. 그룹사에도 관련 내용이 전파됐다. 시간이 지나면서 다른 부서에서도 보고서를 쏟아내기 시작했다. 외부 전문가들의 보고도 넘쳐났다. 바이든의 노동정책에 관한 글도 물론 많았다. 필자는 미국 인사노무 전문가들만큼 심도 깊게 글을 쓰지는 못했다. 하지만 가장 빨랐고, 가장 먼저 이슈를 제기했다. 당시에는 세상에 하나밖에 없는 보고서였다.

직장인 글쓰기는 개인의 만족을 위한 놀이가 아니다. 반드시 실행을 전제로 한다. 실행하려면 결재권자인 상사를 설득하는 것이 필수다. 글쓰기 거인들은 자연스럽게 상사를 설득하는 포인트를 알고 있다. 자신만의 노하우가 있다. 당신은 어떻게 상사를 당신의 글로 끌어들일 것인가? 어떻게 상사를 설득할 것인가?

제목은 보고서를 춤추게 한다

> "'콤팩트하지만 필요한 내용은 다 들어가 있네?'
> 이런 느낌의 보고서를 만나면 잘 썼다는 생각이 든다."
> — 경영지원 담당 임원

김 대리는 코로나19 확산 이후 재택근무 중이다. 오랜 시간을 들여서 힘들게 보고서를 작성했다. 보고서 제목은 '공장 생산성 제고 방안'이다. 기존 공장을 스마트 팩토리 체제로 전환하는 멋진 기획이다. 실행만 된다면 공장의 생산성을 20% 높일 수 있을 것이다.

팀장에게 메일로 보고서를 보냈다. 수신확인을 눌러보지만 팀장이 안 열어본다. 김 대리는 빨리 후속 일정을 추진하고 싶은데 팀장의 피드백이 없으니 답답할 노릇이다.

코로나19로 비대면 업무가 증가하고 있다. 메일로 보고하는 일이 많아졌다. 팀장이 하루에 체크해야 하는 메일은 수십 개에서 수백 개에 이른다. 휴가라도 다녀오면 1000개를 넘기기도 한다. 그뿐인가, 상사의 책상에는 언제나 3~4개의 보고서가 그의 눈길을 기다리고 있다. 며칠을 고생한 당신의 소중한 보고서가 상사에게는 처리해야 할 여러 업무 가운데 하나일 뿐이다. 어떻게 상사가 당신의 보고서를 읽게 만들 것인가? 어떻게 당신의 보고서에 집중하게 만들 것인가?

언제나 바쁜 상사에게 당신의 보고서를 어필하려면 상사의 시선을 끌어당기는 힘이 있어야 한다. 바로 제목이다. '어라, 이것 봐라? 이건 뭐지?'라고 생각하게 만드는 제목을 작성해야 한다. 물론 항상 그럴 수 있는 것은 아니지만 적어도 노력은 해야 한다.

5초 안에 승부를 봐야 한다

상사, 특히 경영진은 기획서를 꼼꼼하게 읽을 시간이 없다. 그래서 제목에서 보고서의 내용을 유추한다. 그리고 보고서 첫 줄에 강조된 메시지를 읽는다. 그런 다음 전체 페이지를 한눈에 보면서 강조된 단어들을 따라간다. 보고서를 훑어보면서 큰 흐름을 파악하고 의사결정을 한다. 세부적인 고민은 실무자들의 몫이다.

그중 보고서 첫 장에 시선이 머무르는 시간은 4~5초 정도다. 길어야 10초를 넘기지 않는다. 5초 안에 당신의 주장을 전달해야 한다. 얼른 훑고 지나가려는 상사의 눈길을 사로잡아야 한다. 매력을 느껴야 당신의 보고서에 시선이 머무는 시간이 길어진다. 보고서 내용이 아무리 좋아도 제목이 평범하면 상사가 당신의 글에 빠져드는 데 시간이 걸린다.

김 대리의 보고서 제목이 잘못된 것은 아니다. 실패가 없는 안전한 제목이다. 다만 너무 지루하다. 모호하다. 세부적인 내용을 예측하기 어렵다. 글을 썼으면 바로 첫 장을 열어서 읽어보고 싶은 생각이 들어야 한다. 예를 들자면 '스마트 팩토리 구현 방안'처럼 팀장의 관심을 좀 더 끌어내는 제목이어야 한다. 제목이 첫인상이다.

제목의 중요성을 강조하는 곳은 출판업계다. 여기《You Ex-cellent》라는 좋은 책이 있다. 그저 그런 판매부수를 기록했다. 출판사는 내용은 그대로 두고 제목만 변경했다. 독자들이 열광했다. 베스트셀러가 되고, 유행어가 되었다. 바로《칭찬은 고래도 춤추게 한다》라는 책이다.

제목은 당신 글의 얼굴이다. 제목이 좋으면 많은 사람이 기억할 수 있다. 다양한 조직에서 회자될 수 있다. 제목이 어렵거나 나쁘면 머릿속에 남지 않는다.

짧고 간결해야 한다

오래전 코미디 프로그램에서 긴 이름에 대한 에피소드를 다룬 적이 있다. 어렵게 낳은 5대 독자의 장수를 기원하며 점쟁이에게 이름을 받았는데, 장수와 연관된 단어를 망라한 '김수한무 거북이와 두루미 삼천갑자 동방삭 치치카포 사리사리센타 워리워리 세브리깡 무두셀라 구름이 허리케인에 담벼락 담벼락에 서생원 서생원에 고양이 고양이엔 바둑이 바둑이는 돌돌이'였다. 5대 독자가 물에 빠졌는데 긴 이름을 부르느라 구하지 못해 결국 죽는다는 이야기다.

보고서에 어려운 제목을 붙이는 동료들이 있다. 직장인의 글쓰기는 반드시 조직 내에서 공유되어야 한다. 너무 어려운 제목은 공유하기 어렵다. 입에서 입으로 옮겨지기 어렵다. 기억하지 못하면 성과가 나도 홍보해줄 수가 없다. 상사와 동료들이 읽고 기억하기 쉬워야 한다.

'코로나19 이후 언택트 시대의 비대면 마케팅 전략 및 브랜드 홍보방안'이라는 보고서 제목이 있다고 해보자. 현시점에 반드시 필요한 주제이지만 제목을 기억하기가 어렵다. 제목이 어려우면 내용을 이해하기도 어렵다. 동료들이 이 제목으로 소통하기가 어렵다. '비대면 마케팅 전략'으로 심플하게 제목을 수정해주는 것이 어떨까.

당신의 글을 설명할 수 있어야 한다

제목은 당신 글의 주제, 내용, 특징을 설명할 수 있어야 한다. 관심을 끌기 위해 엉뚱한 제목을 달아서는 안 된다. 당신의 상사는 바보가 아니다. 제목과 다른 엉뚱한 보고서를 칭찬할 상사는 없다. 상사는 제목을 보고 당신의 글을 읽을 마음의 준비를 한다. 그런데 제목과 전혀 다른 내용이 전개되면 당황할 수밖에 없다. 전체 보고 내용을 잘 표현하는 제목이 가장 이상적인 제목이다.

내용을 충실히 담는 유용한 방법 하나는 키워드로 핵심을 강조하는 것이다. 각 단락의 키워드를 제목 앞에 배치해두면 상사가 좋아한다. 시간을 절약할 수 있기 때문이다. 급한 경우는 키워드만 보고도 이해를 한다. 상사는 적어도 당신보다 5배 이상의 보고서를 읽는다. 그동안 검토한 보고서만 해도 당신의 수십 배가 넘는다. 키워드만 봐도 내용을 이해할 수 있는 내공이 있다.

키워드 외에 결론을 앞에 배치해도 상사의 검토 시간을 줄여줄 수 있다. 핵심이 되는 메시지를 대괄호로 묶어 앞에 표시하는 것이다. 상사는 대괄호 소제목을 읽고 하위 내용 전체를 유추할 수 있다. 전체 보고서에서 몇 가지가 이슈인지 한눈에 파악할 수 있다. 속독이 가능해진다.

- [소제목1] 내용 1
- 하위 내용 1

- [소제목2] 내용 2
- 하위 내용 2

- [소제목3] 내용 3
- 하위 내용 3

메일 제목도 고민하는 당신이 프로다

상사가 출근해서 메일함을 열었더니 다음과 같은 메일이 와 있다고 해보자.

1. 회의 결과 보고

2. 팀장님 김 대리입니다

3. 하반기 예산 수립 계획

4. 영업본부 조직문화 개선안

5. 미국 출장 보고서

6. 재택근무 운영계획

7. [최종 보고] 사장님 지시사항 _ 경영층 커뮤니케이션 강화 방안

당신이라면 어떤 메일을 먼저 열어보겠는가? 그렇다. 십중팔구 7번을 선택할 것이다. 보고 형식, 보고 중요성, 보고 내용이 잘 담긴 좋은 제목이다.

메일 제목에서 글머리를 이용하는 것도 유용하다. [업무보고], [결재], [회의결과], [가이드], [업무협의] 같은 글머리를 붙여주면 받은 메일의 내용을 쉽게 유추할 수 있다. 제목만으로도 상대방이 메일 내용을 예상할 수 있도록 배려하자.

생각보다 많은 직장인이 고생해서 글을 쓰고는 제목은 대충 짓는 경향이 있다. 내용이 중요하다고 생각하는 것이다. 제목도 내용만큼이나 중요하다. 당신도 이 책의 제목에 이끌려 집어들

었을 것이다. 당신의 글쓰기도 마찬가지다. 상사의 시선을 붙잡는 제목을 짓자. 동료들의 입에 오르내리는 제목을 짓자. 패션의 완성은 얼굴, 글쓰기의 완성은 제목이다.

퇴고하면
최고가 된다

"보고서를 검토할 때 사족이 없는지,
제대로 된 워딩을 쓰는지 꼼꼼히 챙기는 편이다.
오타 챙기는 것을 꼰대라고 하지만 그런 것들이 눈에 보인다."
— 비서실 출신 임원

글쓰기 초안이 완성되었는가? 이제 종착역이 눈앞에 보인다. 초안을 바탕으로 메시지를 추가한다. 중복되는 내용을 삭제하기도 한다. 글의 맥락을 바꾸어보기도 한다. 다른 단어를 사용해본다. 조사를 적절하게 바꾸어본다. 이런 과정을 통해 당신의 글이 점점 읽을 만한 글로 바뀐다. 이것이 퇴고다.

첫 시도에 완벽한 글을 만들어내는 경우는 거의 없다. 초안을 그대로 보고하는 직장인도 없다. 백이면 백 모두 퇴고를 거친다. 직장인의 글쓰기는 퇴고에 의해 최종 완성된다. 퇴고를 잘해 환골탈태하는 보고서도 있다. 얼마 전 후배가 '조직 내 모바일 커뮤니케이션'에 대한 보고서를 작성했다. 아이디어가 창의적이었다. 팀원들이 모여 함께 퇴고를 했다. 아이디어에 비해 아쉬웠던 초안이 퇴고를 통해 명품 보고서로 탈바꿈했다.

일 잘하는 직장인은 쏟아내듯 일단 쓴다. 그런 다음 여러 차례 수정을 거친다. 그러는 사이 글의 완성도가 올라간다. 초고는 대부분 글이라고 부르기조차 민망한 수준이다. 이 글을 쓸 때 필자의 초고는 눈 뜨고 보기도 어려운 수준이었다. 퇴고를 통해 그나마 당신이 읽을 만한 내용으로 거듭난 것이다.

대작가 버나드 쇼의 아내는 남편이 쓴 초고를 보더니 "이건 완전히 쓰레기잖아요?"라고 했다. 버나드 쇼는 당연하다는 듯이 "그래, 쓰레기나 다름없지. 하지만 일곱 번째 수정 원고가 나올 때까지 기다려보라고"라고 대꾸했다. 그는 이렇게 퇴고를 거친 글로 노벨문학상을 받았다. 노벨상 수상 작가인 헤밍웨이는 《무기여 잘 있거라》의 결말을 마흔네 번이나 고쳐 썼다고 한다. 톨스토이도 《전쟁과 평화》를 무려 35년간 고쳐 썼다. 당신의 글도 퇴고를 거치면 최고의 글이 될 수 있다.

더러 짧은 보고서는 퇴고를 건성으로 하는 경우가 있는데, 절대 금물이다. 짧은 글일수록 퇴고가 중요하다. 짧은 글에서의 실수는 더욱 치명적일 수 있기 때문이다. 퇴고할 때 점검해야 할 사항은 일반적으로 다음과 같다.*

1. 흥미롭지만 불필요한 사실들을 잘라내라.
2. 과다한 정보는 잘라내라.
3. 뻔한 사항은 잘라내라.
4. 같은 단어의 반복을 피하라.
5. 형용사, 부사 및 꾸며주는 말들을 없애라.
6. 지나치게 세부적인 것들을 제거하라.
7. 동의어의 반복을 피하라.

▌전지적 상사 시점이 되어라

당신에게 불편한 메시지가 될지 모르겠다. 직장인의 글쓰기는 자신을 위해 쓰는 것이 아니다. 상사가 독자다. 상사가 당신의 고객이다. 하수는 자기 생각을 적지만, 고수는 상사의 생각을 보고서에 적는다.

퇴고의 기본 또한 상사의 눈으로 보는 것이다. 작성자의 눈으

---

* 패트릭 라일리, 안진환 옮김, 《THE ONE PAGE PROPOSAL》, 을유문화사, 2002.

로 보기를 멈추고 상사의 눈으로 초안을 점검하자. 보고서의 흐름은 매끄러운지, 팀과 회사에 도움이 되는 내용인지, 불필요한 내용은 없는지, 상사의 결심을 이끌어내는지, 철저하게 상사의 눈으로 살피자. 상사의 눈으로 퇴고한다는 것이 무엇인지, 보고서의 달인들에게 이야기를 들어보았다.

첫째, 상사의 눈으로 글쓰기의 양을 조절하라.

읽을 준비가 안 된 상사에게 100쪽짜리 보고서를 내밀어봐야 의미가 없다. 상세한 보고서를 기대하는 상사에게 반 페이지짜리 보고서를 내밀면 낭패다. 상사가 원하는 분량에 맞추는 것이 기본이다.

다행스럽게도 요즘은 전반적으로 한 장 보고가 정착되는 분위기다. 쓸데없는 보고서를 줄여나가는 추세다. 한 장이라고 해서 안심하면 안 된다는 것은 앞에서 여러 번 강조했다. 한 장으로 상사를 설득해야 한다. 그만큼 한 장 보고서의 퇴고는 더욱 신중해야 한다.

둘째, 상사가 무엇을 강조하는지 관찰하라.

글의 내용 가운데 상사가 평소 강조하는 부분이 있는가? 상사가 어떤 부분에 관심을 가지는지 알아두면 글쓰기가 쉬워진다.

당신의 상사가 윗선에 보고할 때 따라갈 기회가 있다면 귀를 열고 집중해서 들어보라. 많은 내용 가운데 특별히 강조하는 내용이 있을 것이다. 몇 번 반복되면 상사가 강조하는 부분이나 패턴을 알 수 있다. 퇴고할 때 상사가 중요하게 생각할 만한 내용을 미리 강조하자. 부각되도록 수정하자. 상사는 당신의 보고서를 자신의 것인 양 편안하게 느낄 것이다.

셋째, 상사는 노안과도 싸우고 있다.

서글픈 이야기다. 내가 모시던 임원분과 술자리가 있었다. 허심탄회한 이야기를 하던 중 "글자가 10포인트 이하면 잘 안 보게 되더라"고 고백하는 것을 들었다. 노안이 와서 작은 글자에 집중하기가 힘들다는 것이었다. 그때는 실무자 시절이어서 남의 이야기라고 생각했다. 40대 후반이 되어 노안이 오고 나니 마음으로 이해가 되었다.

당신은 실무자로서 모든 이야기를 다 보고서에 넣고 싶을 것이다. 콘텐츠 하나하나가 자식 같을 것이다. 그럴수록 글자 크기가 9포인트, 8포인트까지도 내려간다. 당신 글의 최종 소비자는 회사의 임원이나 경영진이다. 십중팔구 40대 중후반 혹은 50대일 것이다. 빽빽한 보고서를 읽을 수 있는 상태가 아니다.

보고서에 빽빽하게 당신의 생각을 넣었다고 뿌듯해하고 있는가? 당신 보고서의 최종 소비자인 경영진은 그 보고서를 읽지 않는다. 자존심 높은 그들은 노안 때문에 안 보인다고 말하지 않는다. 대신 보고서에 핵심이 안 보인다고 질책할 것이다. 그들은 진짜로 안 보인다. 보고서로 승부하기도 전에 이미 지고 들어가는 것이다. 당신의 상사가 보고서를 읽게 하려면 폰트 크기까지도 고려해야 한다.

동료의 눈으로 퇴고하라

초안이 마무리되면 주변 동료에게 보여주어라. 부끄러워하지 말고 보여주자. 잘못된 것이 있으면 알려달라고 하자. 덤덤하게 동료 이야기를 들어라. 작성자 눈에는 보이지 않는 것들이 반드시 있다. 신기하다. 꼭 있다. '왜 저런 생각을 못 했지? 왜 이것을 못 봤지?' 스스로가 어이없을 정도다. 하다못해 당신이 보지 못한 오탈자와 띄어쓰기 오류도 찾아낸다.

반드시 주변 이야기를 들어야 한다. 내가 생각하지 못한 아이디어들이 쏟아져 나온다. 필자는 최근 '비대면 교육 콘텐츠 개발'에 대한 보고서를 작성했다. 퇴고 단계에서 동료의 의견을 들은 덕에 보고서의 질이 좋아졌다. 동료의 눈을 빌리면 보고서는 반드시 좋아진다. 상사에게 보고하기 앞서 동료에게 설명하면서 리허설을 해보는 효과도 있다.

퇴고할 때 동료의 도움을 받는 방법으로 저자워크숍(writer's workshop)이 있다. 저자워크숍은 여러 사람의 의견을 들으며 저작물을 수정하는 과정으로, 19세기 말 미국 아이오와 대학에서 시작되었다고 한다. 아이오와 대학이 퓰리처상 수상자를 16명이나 배출하면서 세간의 주목을 받아 지금은 마케팅, 비즈니스 기획, 음악 등 다양한 분야에서 활용되고 있다.

필자도 기획실에 있을 때 종종 이 방식을 활용했다. 작성한 보고서를 가지고 동료들과 검토회의를 하는 것이다. 다른 부서보다는 팀 회의가 좋다. 공감대가 형성돼 있어서 의미 있는 조언을 많이 받을 수 있다. 연차가 낮아 팀 회의를 소집하기가 부담스러운가? 혹은 다른 이유로 팀 회의가 어려운 상황인가? 그때는 당신을 도울 수 있는 몇 사람을 모으면 된다. 동기들에게 부탁해도 되고, 보고 내용과 관련 있는 부서 사람에게 요청해도 좋다.

먼저 글을 쓴 배경과 내용을 설명한다. 그런 다음 글을 놓고 열띤 토론을 하는 것이다. 비판의 목소리를 들으면 귀가 벌게진다. 저자워크숍을 하다 보면 작성자가 흥분해서 언성을 높이는 경우가 있다. 작성자가 흥분하면 아무도 이야기하지 않는다. 특히 선임이 언성을 높이면 후배들은 입을 닫는다. 후배들이 입을 닫으면 거기서 끝이다. 들어야 한다. 당신이 완벽하지 않기 때문에 하는 것 아닌가. 마음을 열고 들어라.

저자워크숍은 논쟁하는 자리가 아니다. 다른 사람들의 조언을 듣는 것이다. 당신이 할 것은 딱 3가지다. ①메모하기, ②고개 끄덕이기, ③추임새 넣기('그렇군요', '좋은 지적입니다' 등). 이 3가지를 반복하면 된다. 당신이 저자다. 당신이 펜대를 쥐고 있다. 조언을 수용할지 말지는 당신 마음이다. 여러 조언을 듣고 골라서 취하면 된다.

그래도 오탈자, 맞춤법이다

그렇게 보이지 않던 오탈자가 상사 앞에만 서면 보인다. 환장할 노릇이다. 상사도 칼같이 오탈자, 맞춤법 지적을 한다. 내용에 집중하지 않고 오탈자만 찾는 것 같아 서운하기도 하다. 상사가 너무 좀스러운 것 아닌가 하는 생각까지 든다. 하지만 상사도 사람이다. 오탈자를 보면 고치고 싶어진다. 오탈자를 찾아내는 상사를 너무 미워하지 말자.

상사 입장에서 오탈자 몇 개는 이해한다고 해도 너무 많으면 인내의 한계를 넘어선다. 오탈자가 너무 많으면 글이 성의 없다는 인상을 받게 된다. 보고할 때마다 오탈자가 나오면 작성자 역량이 의심받는다. 그 직원의 보고서를 볼 때마다 내용보다는 오탈자를 먼저 찾게 된다. 특히 수치는 오류가 없도록 반드시 확인해야 한다. 수치가 틀리면 신뢰가 급격하게 떨어진다. 수치가 잘못된 보고서를 바로 결재하는 간 큰 상사는 없다.

　오탈자를 최소화하는 방법은 맞춤법 검사기, 동료에게 찾아달라고 하기, 인터넷으로 검색해보기 등이 있다. 가장 좋은 방법은 보고서를 소리 내어 읽어보는 것이다. 급해도 천천히 소리 내어 읽어보라. 이때 가급적 모니터가 아닌 출력물로 읽자. 모니터로 바라보는 세상과 현실의 세상은 다르다. 모니터로 보는 글과 인쇄해서 보는 글은 다르다. 인쇄한 글을 소리 내서 읽으며 전체적으로 흐름이 어색하지 않은지, 틀린 표현은 없는지, 오타는 없는지 점검하자. 소리 내어 읽어보면 생각이 추가로 정리되기도 할 것이다. 글쓰기를 퇴고하는 최고의 방법 중 하나는 소리 내어 읽어보는 것이다.

악마의 대변인을 두어라

'악마의 대변인(Devil's Advocate)'은 가톨릭에서 유래했다. 어떠한 인물을 성인(聖人)으로 추대하는 과정에서 잘못된 추대를 막기 위해 성인 추대에 반대하는 의견을 내는 역할을 말한다.

당신이 쓴 초안에 대해 까칠한 반대를 하는 '악마의 대변인'을 두자. 사람들이 항상 당신의 보고서를 칭찬한다고 해서 마냥 좋은 것이 아니다. 그럴수록 냉정한 시선으로 자신을 바라보기가 어려워진다. 당신에게도 악마의 대변인이 필요하다. 동료 중에 평소 솔직하게 다른 의견을 개진하는 사람이 있다면 찾아가라. 당신의 초안에 대해 조언을 구하라.

주변에 그런 사람이 없는가? 그렇다면 당신 안에 스스로 악마의 대변인을 두어라. 스스로 까칠한 사람이 되는 것이다. 당신이 작성한 초안에 의문을 가져보는 것이다. 최종 보고 전에 의심하고 또 의심하자. 나중에 상사 앞에서 얼굴 붉히지 않으려면 스스로 모질게 굴어야 한다.

같이 일하는 동료 중에 박 부장이 있다. 필자와 커리어가 달라서인지 바라보는 관점도 항상 달랐다. 필자의 보고서 초안에 대해서도 솔직하고 까칠한 의견을 주는 편이었다. 처음에는 그런 조언이 불편했다. 하지만 실제 실행되는 과정에서 박 부장의 조언이 크게 도움이 되었다. 지금도 보고를 준비할 때 항상 먼저 찾아간다. 초안에 대해 박 부장의 의견을 구한다. 오늘도 시원하게 독설을 날리는 박 부장이 있다. 고마운 마음으로 조언을 듣는다.

글쓰기의 최종 검토단계까지 왔다면 작성자 눈이 아닌 최종 소비자의 눈으로 천천히 퇴고하자. 조금만 더 노력하면 글쓰기의 끝에 도달할 수 있다. 당신 글을 한 번만 더 읽어보고 고칠 부분을 찾아보자. 완벽해지려 애쓰자. 다만 진정한 완벽은 신의 영역임을 인정하고 마무리하자.

글쓰기는 보고에서
꽃을 피운다

주 과장은 필자가 보아온 동료 가운데 보고를 가장 잘하는 직원이다. 일단 설명을 차분하게 잘한다. 그리고 상황에 따라 보고가 달라진다. 핵심만 설명할 때도 있지만, 필요하면 사례를 들어가며 세세하게 설명하기도 한다. 주 과장이 보고해서 결재가 반려되는 경우는 많지 않다. 대부분 결재를 받아온다.

후배 중 최 과장은 글쓰기 고수다. 글로 하는 일은 동료들을 압도한다. 그런데 팀장이나 실장에게 보고할 때면 자신의 생각을 제대로 이야기하지 못한다. 작성한 보고서를 그대로 읽는 경우가 많다. 고생해서 작성한 보고서의 빛이 바래기 일쑤다.

직장인 글쓰기의 완성은 퇴고가 아니라 보고다. 보고는 종합 예술이다. 여러 가지 상수와 변수들이 모여 보고가 이루어진다. 글의 내용, 보고 분위기, 보고 시 멘트, 보고자 시선 처리, 상사와의 공감대 형성, 관련 부문의 협조, 보고자의 자신감 같은 요소들이 합쳐져 승인 여부가 결정된다. 즉 보고는 상사의 결심을 이끌어내는 과정이다.

아무리 베테랑 직장인이라도 보고는 쉽지 않다. 글을 잘 쓰고도 보고를 잘못하면 다시 써야 하는 사태가 벌어진다. 반대로 보고만 잘해도 글쓰기에 들어가는 시간을 줄일 수 있다. 보고 스킬을 잘 갖추면 당신의 글을 빛낼 수 있다.

보고의 기술 5가지

직장생활의 고수들이 보고하는 것을 옆에서 지켜보았다. 책에서 얻은 지식이 아니라 실전에 바로 적용할 수 있는 팁이다. 그중 몇 가지를 여기에 공유한다.

첫째, 타이밍이 중요하다. 정말 중요하다.

필자의 경험에 비추어보면 타이밍에 따라 결재 여부가 결정되는 경우도 있다. 솔직히 제법 많다. 상사의 컨디션, 보고 당시 분위기도 중요하다. 상사가 윗선에 질책을 당하고 왔다면 어떤 보고라도 좋은 타이밍이 아니다.

이 차장은 주말을 넘기지 않기 위해 금요일 퇴근 무렵에 던지 듯 상사에게 보고했다. 그런데 보고받은 상사의 표정이 좋지 않았다. 추가로 수정할 것이 눈에 띄었다. 그러려면 주말에 잔업을 지시해야 한다. 상사들도 주말에 일을 시키면 마음이 좋지 않다. 일상업무 보고라면 금요일 퇴근 전이라도 상관없다. 그러나 시간을 갖고 검토해야 하는 기획은 시급한 경우가 아니라면 차라리 월요일에 보고하는 것이 좋다.

타이밍 자체가 생명인 보고도 있다. 관련 이슈가 터진 후 뒤늦게 보고하면 뒷북이다. '재택근무 활성화 방안'을 검토한다고 생각해보자. 코로나19로 재택근무에 돌입하기 전에 보고되어야 한다. 실행이 되어야 한다. 이미 재택근무가 시행된 이후에 보고하면 아무런 의미가 없다. 보고서 수준보다 타이밍이 더 중요한 경우다.

둘째, 당신의 글을 당신이 먼저 믿어야 한다.
프랑스 약사 에밀 쿠에(Emile Coué)에게 친한 지인이 찾아왔다. 병원에 가지 못한 그 지인은 통증을 호소하며 약을 지어달라고 부탁했다. 이를 거절하지 못하고 쿠에는 인체에 무해한 포도당 알약을 거짓 처방해주었다. 며칠 뒤, 그 사람이 찾아와 감사 인사를 했다. 병원에 갈 필요도 없이 쿠에에게 받은 약을 먹고 깨끗이 나았다는 것이다. 약과 약사에 대한 환자의 믿음이 병을 치유한 것이다. 쿠에는 이 경험을 바탕으로 연구를 거듭해 '자기암시 요법'을 창안했다.

글쓰기에서 자기암시는 중요하다. 자신이 먼저 믿어야 글이 생명력을 얻는다. 위대한 글이 될 수 있다. 보고자가 믿음을 가지고 보고해야 실행으로 이어질 수 있다.

팀에서 한 달여에 걸쳐 신사업 계획을 준비했다. 오랫동안 준비한 만큼 내용에는 자신 있었다. 발표 경험을 준다는 의미로 박 대리에게 보고를 맡겼다. 문제는 박 대리가 보고 내용에 대해 100% 확신이 없었다는 것이다. 결국 임원은 보고 내용이 마음에 들지 않는다며 재검토를 지시했다. 팀의 노력이 물거품이 될 뻔한 순간이다. 일부 내용을 보완한 후에 이번에는 사업계획의 성공을 믿어 의심치 않는 김 차장이 보고에 나섰다. 내용이 크게 바뀌지 않았음에도 임원은 참신한 아이디어라며 사업계획을 승인했다.

자신이 쓴 글을 믿지 못하는 보고자들이 있다. 그래서는 상사를 설득할 수 없다. '매러비언의 법칙'을 기억하자. 미국의 사회

심리학자인 알버트 매러비언(Albert Mehrabian)은 커뮤니케이션에서 언어가 차지하는 비율은 7%밖에 되지 않는다고 했다. 말의 뉘앙스 같은 청각적 요소가 38%, 표정이나 태도 같은 시각적 요소가 커뮤니케이션의 55%를 차지한다. 아무리 잘 쓴 글이라 해도 보고하는 당신이 주저하고 우물거리면 설득력이 떨어진다. 당신이 쓴 글은 당신이 먼저 믿어야 한다. 확신에 찬 말투와 당당한 자신감이 글을 빛나게 한다.

셋째, 예상질문을 준비하라.

보고서에 모든 내용을 완벽하게 담을 수는 없다. 보고받은 상사는 궁금한 점이 생기기 마련이다. 질문에 적절하게 답하는 것도 보고의 기술이다. 보고 잘하는 동료들을 보면 상사의 질문에 잘 대응한다. 대답이 매끄럽다. 상사의 질문에 잘 대응한다는 것은 글을 충분히 검토하고 공부했다는 증거다.

자신의 글을 숙지하지 않으면 대답이 궁색해진다. '다시 확인해보겠습니다'라는 말밖에 할 수 없다. 이런 대답이 반복되면 과연 보고자가 충분히 검토했는지 의구심을 갖게 된다. 보고의 신뢰도도 떨어진다. 그렇다고 모르면서 아는 척 추측성 답변을 하는 것은 금물이다. 한두 번은 넘어갈 수 있지만 반드시 밑천이 드러난다. 모르면 모른다고 하는 것이 낫다.

대부분의 상사는 상식적인 선에서 질문한다. 예산 확보방안, 기대효과, 예상 리스크, 관련 부문과의 협업 방안 같은 것들이다. 충분히 미리 준비할 수 있는 질문이다. 예상질문을 먼저 생각해보고 보고에 임하는 것과 그냥 보고서만 들고 가는 것의 결과는 천지차이다.

보고서의 결론 외에 다른 대안, 플랜B도 머릿속에 준비해두면 좋다. 상사가 보고서의 결론에 만족하지 못하고 다른 대안은 없는지 묻는 경우가 결코 적지 않다. 당황하지 말자. 준비한 대안을 차분하게 답변하면 된다. 상사는 센스 있는 직원이라고 생각할 것이다.

넷째, 무조건 결론부터 이야기하라.

김 대리가 상사에게 한창 보고하고 있다. 보고서 작성 배경, 동종사 동향, 시장 전망, 환경 분석, 관련 부서 간 협업 체계에 대해 상세하게 설명한다. 그리고 마지막에 결론을 이야기한다. '팀장님! 이게 결론입니다. 잘했지요?'라는 표정으로 상사를 쳐다본다. 상사는 망연자실하다. 한참을 보고받았는데 결론이 바라는 바가 아니었던 것이다.

《더미를 위한 비즈니스 글쓰기》의 저자 나탈리 카나보르(Natalie Canavor)는 "헤드라인이나 글의 도입부에 키워드를 포

진시키는 것이 좋다"고 조언한다. 소설이나 시의 경우에는 메시지를 마지막에 담는 경우가 있다. 회사의 글쓰기는 무조건 결론이 앞에 나와야 한다. 상사에게 보고할 때 결론을 먼저 말하라. 한참 이야기하다가 마지막에 결론을 말하는 것은 상사의 시간을 도둑질하는 것이다.

다섯째, 마법의 표현 '당신의 생각대로'를 활용하라.

필자가 20년 동안 사용한 보고 비법을 공개하겠다. 필자가 창안해낸 기법은 아니다. 글쓰기 거인들이 이미 사용하는 방법이다. 필자는 이 보고 비밀을 《데일 카네기 인간관계론》과 《설득의 심리학》에서 배웠다.

아주 간단하다. '당신의 의견대로'라고 덧붙이는 것이다. 팀장에게 보고하는 경우라면 '팀장님께서 지시하신 대로 보고서 방향을 잡아보았습니다'라고 말한다. 수정해서 다시 보고하는 것이라면 '팀장님께서 지적해주신 대로 수정해보았습니다'라며 시작한다. 내 생각이 아니라, 상사의 눈으로 바라보고 수정했다고 이야기하는 것이다. 잘되고 있는 일의 마무리를 상사의 공으로 돌리는 것이다. 당신의 보고서 공저자로 상사를 참여시키는 것이다. 상사는 당신이 쓴 글의 든든한 지지자가 될 것이다. 누가 당신의 보고서를 비난한다면 당신의 글을 지킬 것이다. 상사의 생각이기 때문이다. '팀장님의 지시/조언/충고/말씀대로 작성해보았습니다'라고 말하기만 하면 된다.

강철왕 카네기도 이 방법으로 수많은 사업 계약을 따냈다. 예수님도 십자가에 매달리는 그 순간까지 '아버지의 뜻대로 하옵소서'라고 했다.

▍상사의 결심을 끌어내려면 3번 보고하라

주재원 시절, 필자의 상사는 중요한 보고는 3번에 나누어서 해달라고 요청했다. 간단한 보고는 한 번에 해도 되지만, 중요한 기획이나 사업계획 같은 경우는 여러 번 보고해주기를 바랐다. 처음에는 너무 자주 보고하는 것 아닌가 싶었는데, 실제로 3번 보고해보니 일하는 데 도움이 많이 되었다.

첫째, 초안을 들고 상사를 만난다.

이유는 4가지다. 하나, 글의 방향성을 확인하기 위해 초안 보고가 필요하다. 방향을 잘못 잡으면 죽도록 고생하고 엉뚱한 글을 쓸 위험이 있다. 글의 방향성에 대해 상사와 공유하라. '이런 저런 방향으로 작성한다'고 상사와 이야기하는 과정이다. 글의 방향성이 맞다면 상사는 계속하라고 할 것이고, 엉뚱한 방향이라면 다시 잡아줄 것이다.

둘, 상사도 지시하면서 자기 생각이 명확하지 않을 때가 있다. 막연한 아이디어 단계에서 일을 맡기는 경우에 그렇다. 또는 윗선의 지시사항을 그대로 전달하는 경우에 그렇다. 이런 경우 초안을 보고하면 상사도 그 기회에 생각을 정리할 수 있다. 당신에게 추가 조언을 해줄 수도 있다.

셋, 상사가 초안 수준의 자료를 원하는 경우도 있다. 기획실의 최 상무는 김 과장에게 경영층 스피치를 작성해달라는 지시를 내렸다. 김 과장은 바로 스피치 원고의 구조를 잡고 내용을 채워나갔다. 1시간 정도 작성한 후에 최 상무에게 가서 이런 방향으로 작성하겠다고 초안을 보고했다. 그러자 최 상무는 '이 정도면 됐다'며 초안을 이메일로 보내달라고 했다. 김 과장의 초안을 가지고 최 상무 스스로 정리하고 싶었던 것이다. 김 과장이 며칠씩 고민해서 스피치를 작성하는 것은 애초에 최 상무가 바라던 바가 아니었다.

넷, 초안 수준이 높아서 그대로 보고가 마무리되는 경우도 있다. 스피치 원고를 쓸 때 그런 일이 많았다. 도통 원고가 안 써지는 날도 있지만, 쓱쓱 써지는 날도 있다. 쓰면서 바로 다음 말이 생각나고, 주옥같은 표현이 떠오른다. 그런 날은 초안을 들고 상사에게 가는 발걸음이 가볍다. 상사의 표정도 만족스럽다. 상사의 입에서 "이 정도면 됐다. 잘 썼네. 역시 글쓰기는 김 과장이야"라는 말이 나오면 어깨가 으쓱하다. 글쓰기 인생에 이런 날도 있어야 하지 않겠는가? 초안으로 보고가 마무리된다.

상사에게 초안 보여주기를 두려워하지 말자. 중간중간 빈 곳이 있더라도 상관없다. 보고서 방향을 정해가는 단계부터 상사와 소통하는 것이 훨씬 중요하다. 나중에 다 완성했는데 작성자와 상사 생각이 다르다면 낭패가 아닐 수 없다. 처음부터 다시 작성해야 한다. 엉뚱한 내용을 쓰면 상사에게도 나에게도 귀한 시간이 낭비되는 것이다. 초안 보고에 투자하는 몇 분이 당신의 귀한 시간을 절약해줄 수 있다.

상사는 당신이 생각을 갖고 와주기를 기다리고 있다. 상사의 생각을 들어주기를 바라고 있다. 자리를 박차고 일어나서 상사에게 걸어가라. 초안을 가지고 상사의 생각을 들어보라.

둘째, 문서를 50~70% 정도 작성했을 때 상사에게 찾아가는 것도 좋은 방법이다.

'이러한 방향으로 계속 진행해도 좋은지' 물어보는 것이다. 3가지 이유에서 필요하다. 하나, 상사의 의도를 재확인하기 위해서다. 상사의 의도와 다르게 작성되고 있다면 방향을 틀어줘야 한다. 며칠간 야근해서 보고했더니 막상 상사가 원했던 결론이 아니라는 말을 들었다고 상상해보자. 일한 시간과 노력이 아깝지 않은가? 그렇게 되지 않기 위해 꼭 필요한 것이 중간보고다. 상사의 성격이 급하고 진도 챙기는 것을 중요하게 생각한다면 더욱더 중간보고가 중요하다. 중간 단계에서 어떻게 진행되고 있는지 보고한다면 상사도 안심하고 최종보고를 기다릴 수 있다.

둘, 상황 변화를 확인하기 위해 중간보고가 필요하다. 비즈니스 환경은 언제든 달라질 수 있다. 그에 따라 글쓰기 방향도 전환해야 한다. 상사가 '이 정도 변화는 실무자가 알고 있겠지'라고 생각하고 공유하지 않는 경우도 있으니, 중간보고를 하면서 상황 변화를 점검하고 대응방안을 논의하자.

셋, 글쓰기에 어려움을 겪고 있다면 중간보고를 활용하자. 항상 글이 잘 써지면 좋겠지만 어려운 과제를 맡아 고생하는 경우도 있다. 진도를 나가지 못한 채 혼자 끙끙대다가 기한이 다 되어서야 진행이 안 되었다고 보고하면 상사도 도와줄 수가 없다. 일이 진행되지 않는데 보고조차 하지 않는 건 상사에게 찍히는 지름길이다. 글이 막혀서 막막하다면 중간보고를 하라. 상사의 도움을 요청하라. 상사는 당신을 도울 준비가 되어 있다. 당신의 글쓰기를 돕는 것이 상사의 의무다.

셋째, 마지막으로 최종보고다.

드디어 100% 완성된 형태의 보고다. 상사는 보고서를 꼼꼼히 읽어볼 것이다. 그러다 추가로 수정하고 싶은 부분이 있으면 당신을 부를 것이다. 오타, 띄어쓰기 지적이거나 더 적절한 표현으로 바꾸는 등의 자잘한 수정일 것이다. 초안보고와 중간보고를 통해 이미 의견을 반영했기 때문에 큰 폭의 수정은 없을 것이다. 수정해서 출력하거나 이메일로 보고하면 마무리된다. 앞에서도 강조했지만 최종보고 시에는 오탈자가 없도록 최대한 여러 번 읽어보는 것이 기본이다.

미국 카네기멜론대 경영학과의 허버트 사이먼(Herbert Simon) 교수는 1956년 논문에서 '제한된 합리성(bounded rationality)'이라는 개념을 제시했다. 인간은 100% 합리적인 존재가 아니라는 것이다. 정보 부족이나 인지능력 한계, 물리적·시간적 제약 등으로 인간의 합리성이 제한된다. 그래서 사람들은 '만족'과 '충분'이라는 수준에서 의사결정을 한다. 배우자를 선택할 때, 주식을 거래할 때, 집을 살 때 완벽하게 합리적인 의사결정을 내리는 것이 아니라 '이 정도면 됐다'고 생각될 때 최종 선택을 한다는 것이다. 당신도 상사도 사람이다. 모든 이슈와 사안을 다 이해할 수는 없다. 완벽하게 합리적인 판단이 아니라, 본인의 지식과 경험에 의존해 판단한다.

세상에 완벽한 글쓰기는 없다. 완벽한 글쓰기보다는 충분한 글쓰기, 만족한 글쓰기를 하는 것이다. 이를 위해 상사와 계속 소통하는 것이 필요하다. 상사가 3번 보고를 받으면 '이 정도면 됐다'고 당신의 글쓰기를 선택하게 된다. 어떠한 종류의 글쓰기라도 3번 보고하면 상사의 결심을 끌어낼 수 있다.

'다 된 밥에 재 뿌린다'는 속담이 있다. 그동안 고생한 글쓰기를 마무리하는 것이 당신의 보고다. 어떻게 보고하느냐에 따라 당신 글의 생명이 달라진다. 글이 마무리되었다고 그 길로 상사에게 달려갈 것이 아니다. 어떻게 보고할지 전략을 세우자. 보고 전에 5분만 생각하면 된다. 그 5분이 당신의 5시간을 아껴줄 것이다.

글쓰기의 기초,
직장인의 노트는 달라야 한다

> "시대를 열어낸 천재가 있었다면,
> 시대와 천재 사이에는 노트가 매개체로 있었다."
> ― 이재영, 한동대학교 교수

인사팀 김 부장은 '그룹 우수인재 유치 전략'에 대한 아이디어가 떠올라 팀 회의를 호출한다. 회사의 채용 환경을 설명하고 해당 전략에 필요한 주요 업무를 이야기한다. 그런데 팀 막내인 박 대리가 눈만 멀뚱멀뚱 뜨고 김 부장을 쳐다보고 있다. 김 부장의 마음속에 걱정이 몰려온다. '박 대리가 이 과제들을 다 기억할까? 자기 업무분장이 뭔지 적어야 하지 않나?'

역시나 이틀 뒤 박 대리가 가져온 보고서에는 전혀 엉뚱한 내용이 담겨 있다. 팀장인 김 부장 생각은 반영되지 않은 채 박 대리가 조사한 몇 가지 내용만 달랑 들어 있다. '이러면 뭐하러 박 대리랑 그토록 긴 시간 회의했나?' 하는 허탈함이 밀려왔다. 왠지 팀장인 자신이 무시당한 듯한 느낌마저 들었다. 이런 일이 반복된다면 김 부장이 박 대리를 좋게 평가할 수 있을까?

직장인에게 노트는 전장의 총과 같다. 상사가 업무 지시를 하면 노트부터 집어 들어야 한다. 회사에서 지급하는 다이어리도 좋고, 시중에서 구입할 수 있는 대학노트도 좋다. 온라인이나 모바일로 사용 가능한 에버노트(Evernote), 원노트(OneNote)라도 상관없다. 조직에서 성공한 사람들을 보면 어떤 형태로든 자신만의 노트 작성법이 있다. 기록은 기억을 앞선다. 직장인의 글쓰기는 노트에서 시작한다.

▌류현진의 노트, 메이저리그를 정복하다

2013년 메이저리그에 진출한 류현진은 한때 포수의 사인대로 공을 던지는 선수였다. 그렇게만 해도 메이저리그에서 좋은 선수에 속했다. 그러던 그에게 2015년, 치명적인 어깨 부상이 찾아온다. 스포츠의학 전문가들은 류현진의 야구 인생이 그렇게 끝날 것이라고 했다. 서른을 넘긴 투수의 어깨 수술은 재기 성공률이 7%도 안 되는 도박이다. 수많은 천재 투수들이 어깨

부상으로 역사의 뒤안길로 사라졌다.

류현진도 어깨 수술 후 구속이 떨어졌다. 최고의 무대 메이저리그에서 살아남기에는 턱없이 부족한 구속이 된 것이다. 좌절하는 대신 류현진은 생존을 위해 새롭게 한 가지를 시작했다. 노트를 적는 것이었다. 경기 전날 상대팀 타자의 영상을 미리 본다. 이 타자의 장점은 무엇이고, 단점은 무엇인지 적는다. 다음 날 볼 배합을 미리 생각하면서 적어둔다. 적고, 생각하고, 다음 날 경기를 상상해본다.

류현진 선수는 2019년 방어율 2.32로 메이저리그 방어율 타이틀을 차지하며 화려하게 재기했다. 세계 최고의 선수들이 모인 곳에서 최고의 선수가 되었다. 그가 노트에 상대 팀 타자와 볼 배합을 적는 것을 '재기를 위한 필살기'라 생각한 사람은 많지 않았을 것이다. 그러나 류현진은 노트를 작성하면서부터 다른 선수가 되었다. 상대 타자를 이미 아웃시키고 경기에 임한 것이다. 미리 이겨두고 경기에 나간 것이다.

직장인의 노트는 달라야 한다

여기 전도유망하고 자존심 강한 과학자가 있다. 어느 날 연구와 글쓰기가 갑자기 막히는 일명 '블록 현상'이 찾아와 좌절에 빠졌다. 좌절감, 상실감이 마음을 지배했다. 해서는 안 되는 결심을 했다. 교수실 문을 걸어 잠그고 유언을 써내려가기 시작했다. 어린 시절 첫 기억부터 시작해서, 사랑하는 아이들에게 못난 아비가 하고 싶은 이야기를 쓰고 또 썼다. 미친 것처럼 3일 밤낮을 밥도 안 먹고 잠도 안 자고 그저 쓰기만 했다.

노트를 쓰다 지친 몸을 이끌고 방문한 전통시장에서 그는 깻잎 파는 할머니의 주름살을 보고 깨달음을 얻는다. '위대하게 사는 것이 중요한 게 아니구나, 살아내는 것이 위대하구나.' 그날 이후 노트를 본격적으로 쓰기 시작하면서 3~4일간 글을 몰아 쓰고 1~2주면 책을 쓸 수 있게 되었다고 한다. 한동대학교 기계제어공학부 이재영 교수의 이야기다.

이 교수는 노트를 쓰는 4가지 방법을 제안한다. ①정자체로 또박또박 쓰기, ②쓴 노트는 반드시 다시 보기, ③노트의 처음 20%를 단숨에 쓰기, ④수첩 활용하기가 그것이다. 특히 노트를 다시 보는 것이 중요하다. 직장인 중에는 노트를 쓰되 다시 보

이재영 교수 유튜브 강의
"노트쓰기로 당신의 천재성을 끌어내세요"

지 않는 사람들이 있다. 노트를 제대로 활용하지 못하는 것이다. 노트를 다시 봐야 기억이 정리되고, 생각이 확장된다.

직장인의 글쓰기 훈련으로 좋은 것 중 하나가 업무 노트 쓰기다. 노트는 하루 종일 직장인의 곁을 지키고 있다. 손만 뻗으면 적을 수 있다. 매일매일 적을 수 있다. 글쓰기 실력을 높이기 위해 당신만의 노트를 써보자.

문제는 회사에 노트 작성법을 알려주는 사람이 많지 않다는 것이다. 필자도 노트 작성법을 가르쳐주는 선배가 없었다. 적어야 할 일이 생기면 그냥 회사에서 주는 노트에 몇 줄 끄적였다. 금세 노트가 메모로 가득 찼다. 한 해가 지나면 노트는 서랍 속으로 사라졌다. 새로운 노트가 또 생겼다. 중요한 내용을 적어놓은 것 같은데 어디 썼는지 찾기 어려웠다. 중요한 메모 내용을 찾느라 호들갑을 떨었다. 필요한 정보가 제대로 관리되지 않았다. 상사의 지시사항이 여기저기 적혀 있어서 헤매기 일쑤였다. 사람에 대한 기록도 어디에 적었는지 몰라 사라져 버렸다. 직장의 일상이 뒤죽박죽인 느낌이었다. 항상 불안했다.

답답한 마음에 앞서가는 직장인 선배들의 노트 작성법을 공부했다. 올바른 노트 쓰기를 꾸준히 하면 성과에 영향을 미친다. 정보를 분류하고 관리하는 힘이 생긴다. 직장인 글쓰기에 도움이 되는 것은 물론이다.

부끄럽지만 20년 차 직장인의 노트 쓰기 노하우를 공유하고
자 한다. 한 가지라도 마음에 울림이 있다면 오늘부터 당신의
노트에 실천해보자.

노트는 한 권으로

대학을 다닐 때 사법고시를 준비한 적이 있다. 고시 합격자들
이 공통으로 이야기하는 시험 준비의 핵심은 단권화 작업이다.
여러 교과서를 이리저리 뒤적이는 것이 아니라 한 권으로 볼 수
있도록 준비하는 것이다. 한 과목당 하나의 교재로 통일하는 것
이다.

직장인의 노트도 마찬가지다. 메모와 기록을 여러 노트에 하
면 노트 찾다가 시간 다 간다. 노트는 한 권으로 통일하는 것이
좋다. 정보를 계속해서 업데이트할 수 있도록 바인더 링을 사용
하는 것을 추천한다. 클라우드 기반의 온라인 노트에 기록하는
것도 단권화 방법 중 하나다. 참고로 필자는 프랭클린 플래너
바인더를 사용하고 있다.

보통 직장인의 수첩은 앞부분에 월간 달력이 있고, 그 뒤에 데
일리 노트나 무지 노트가 있는 것이 일반적이다. 보고서를 작성
하다가 중요한 지시사항을 적어둔 것이 생각났다고 해보자. 상

사의 지시사항을 찾으려면 수첩 전체를 뒤적여야 한다. 월별 일정에 적었는지 데일리 항목에 적었는지 잊어버려서다. 연초에 적어둔 새해 계획은 연말이 되면 어디로 갔는지도 모른다. 새해에 어떤 계획을 세웠는지도 찾기 어렵다. 비밀번호를 바꾼 주식 계좌는 정작 새 비밀번호를 어디에 적어뒀는지 까먹어 매번 신규 비밀번호를 발급받는다. 정보 및 기록관리에 불필요한 시간이 낭비되는 것이다.

필자는 노트를 13가지 그룹으로 분류해 사용한다. 상사의 지시사항, 직장인으로서 알아야 할 정보, 기억하고 싶은 아이디어 등 직장인으로서 필요한 정보를 13개 카테고리로 나누고, 기록해야 할 정보가 생기면 각각의 방에 집어넣는다. 필요한 정보와 기록이 있으면 해당 카테고리에서 꺼내 사용하면 된다. 카테고리는 다음과 같다.

미래계획 : 새해 계획, 한 해 주요 일정, 향후 10년간 주요 예상 이벤트, 비전 플랜, 버킷리스트, 유언 등
자기계발 : 성공 노하우, 나의 좌우명, 경력개발 전략, 경력 포트폴리오, 건강관리 기록 등 자기계발에 대한 사항
자녀교육 : 자녀교육 관련 정보, 고민, 다짐, 남편으로서의 역할 등

독서경영 : 읽은 책 목록과 읽고 나서 느낀 간단한 생각

집필 : 책 쓰기와 관련된 정보, 아이디어 등

자산관리 : 집, 땅, 예적금 관련 정보, 우리사주, 투자 관련 아이디어, 보험 가입현황, 국민연금, 퇴직연금 운용현황, 연금펀드 가입현황 등 자산에 관련된 모든 사항

인적자산 : 지인의 생일, 직장동료와 대화하면서 알게 된 간단한 이야기, 조직 비상연락망, 그룹 경영진 현황, 업무 관련 파트너 조직도 등

개인정보 : 가족에 관한 개인정보, 가족의 주요 히스토리

선배생각 : 상사의 지시사항, 선배들의 조언 등

시간관리 : 월간/주간/일일 시간관리 항목

아이디어 : 일을 하다 번뜩번뜩 떠오르는 아이디어. 쓸데없는 아이디어도 있지만, 업무로 연결되는 주옥같은 아이디어를 발굴하기도 한다.

경영정보 : 업무 관련 주요 약어, 임금 구조, 그룹 현황 등. 직장인이 알아야 하는 경영정보는 생각보다 많다. 이런 정보를 한곳에 모아두면 실시간 참고할 수 있다.

칭찬/긍정 : 필자는 20여 년의 직장생활에서 다양한 실패를 경험하고 좌절도 했다. 뛰어난 사람들을 보며 어디서 말하기 힘든 열등감으로 위축되곤 했다. 스스로 치유하고 힐링을 해야

했다. 필자에 대한 긍정적인 피드백이나 칭찬 메시지가 전달
되면 출력하거나 이 항목에 기록해두었다가 힘들고 자존감이
낮아질 때면 찬찬히 읽어본다. '생각보다는 나도 좋은 사람이
야! 힘내보자!' 하고 스스로를 다독인다. 20년 직장생활의 정
신건강을 지켜준 힘이다.

개인마다 자신에게 적합한 주제와 카테고리가 있을 것이다.
여기에서는 5가지 주제를 좀 더 자세히 설명해보고자 한다.

시간관리 : 노트의 시작은 시간관리다

직장인에게 가장 중요한 3가지를 꼽으라고 한다면 빠지지
않는 것이 '시간관리'다. 시간관리를 잘하는 사람은 반드시 성
과를 낸다. 꾸준하게 성과를 내는 사람은 직장에서 성공할 수
밖에 없다. 자신만의 시간관리 기법이 없으면서 직장생활을 잘
하기 바라고 있는가? 주식 시장에서 아무 주식이나 매수하고는
대박을 기다리는 것과 다를 바 없다.

시간관리에 대한 대가들의 조언은 많다. 개인적으로는 프랭
클린 플래너, 라이더 캐롤의 《불렛저널》, 강규형 작가의 《성과
를 지배하는 바인더의 힘》, 로타르 자이베르트의 《독일 사람들

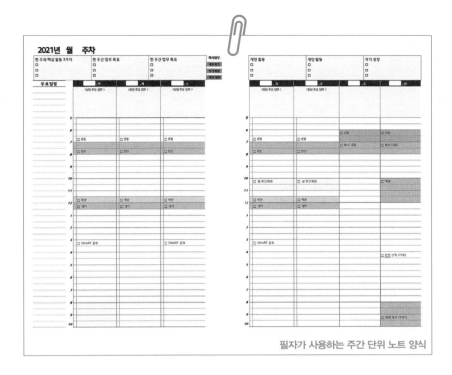

필자가 사용하는 주간 단위 노트 양식

의 시간관리법》, 그리고 《시간을 정복한 남자 류비셰프》가 참고할 만했다.

단, 거인들의 시간관리를 그대로 따라 하기보다는 자신만의 시간관리 방법으로 보완할 것을 권한다. 직장인은 모두 다른 환경에 놓여 있고 서로 다른 업무를 하기 때문이다. 표준화된 방법보다는 자신에 맞는 시간관리 방법을 만들자. 그래야 꾸준히 할 수 있다.

1월 2021년 January

월 Mon	화 Tues	수 Wednes
4 재택근무 1/4 – 8 09:00 대표이사 신년간담회	5	6 강○○워장 10:00 온라인 CDMM 점검
	15:00 스마트 교육	
11 안○○ 14:00 규○별 행정 미팅	12 최○○이천	13 김○○ 10:00 G사 회의 13:30 S사 회의 15:00 스마트 교육 20:50 C기념일 (소○가⋯성비)
18 정○○ 16:00 김○○ 교수 미팅	19 1/22 일정 재안건너 10:00 M사 회의 16:00 W사 회의	20 윤○○이천 14:30 R사 회의 16:00 A사 회의
25 재택근무 1/25 – 29	26 노○○	27 16:00 임도/유행 영상회의 15:00 스마트 교육

January 1월 2021년

목 Thurs	금 Fri	토	일 Sun
	1	2 안○○	3 정○○
7	8 박○○워장 10:00 본부 주간회의	9	10
16:00 광호이 행정운영 세미나 15:00 스마트 교육	퇴근 후 춘천행		
14 조○○워장 10:00 K사 회의 13:30 E사 회의 15:00 스마트 교육	15 업○○원(김○○금녀) 해외파견 현황 마감일 10:00 본부 주간회의	16	17 이○○
	퇴근 후 춘천행		
21 14:30 T사 회의 15:00 스마트 교육	22 임○기획실 한○○이천 10:00 본부 주간회의 성묘, 케이크	23 김○○	24 안○○
28 08:00 미국 영상회의 08:30 메시지 영상회의 14:00 임도개발 영상회의 16:30 유행 발표	29 한○○ 10:00 이사회발표 10:00 본부 주간회의 19:00 PG 온라인 회식	30 저녁식사	31

필자가 사용하는 월간 일정표

필자도 처음에는 프랭클린 플래너로 시간관리를 시작했지만, 지금은 나만의 방법으로 하고 있다. 우선 주간 단위로 일상을 관리한다. 20년 직장생활을 해보니 주간 단위로 업무와 시간을 관리하는 것이 가장 효율적인 것 같다. 한 주의 핵심 활동, 개인 주요 활동, 자기 성장에 대한 목표를 정한다. A4 용지 양면에 걸쳐 7일을 등분하여 하루 일정을 관리한다. 매주 똑같이 반복되는 내용은 미리 양식에 기입해서 출력하는 게 편리하다.

월간 단위로는 빅 이벤트를 관리한다. 월간 플래너에는 자세한 업무 내용을 적기 어려우므로 지인의 생일/기념일, 주요 정기회의 일정, 교육 일정, 연차 계획, 외부 약속, 마감 일정 같은 큰 일정들을 적는다. 월간 단위로 정리한 내용은 나중에 기억을 더듬을 때 목차가 되어준다.

직장인이면 누구나 한 해의 목표를 세운다. 운동하기, 살 빼기, 영어공부, 가족과 여행하기, 자격증 따기…. 그러나 어느덧 내가 연초에 무슨 계획을 세웠는지도 모르게 된다. 한 해의 목표를 직장인의 노트에 적고 의도적으로 노출시켜야 한다. 눈에 보여야 생각이 난다. 생각이 나야 실행으로 이어질 수 있다.

사족 같지만 덧붙이자면, 한 해 계획은 현실적이고 구체적이어야 한다. 실행방법까지 세부적으로 정해야 한다. 추상적인 목표는 실행으로 이어지지 않는다. 예컨대 '부자 되기' 같은 것은 목표가 아니다. 부자가 목표라면 투자 관련 서적 5권 읽기, 부동산 강의 수강 등 구체적인 목표를 함께 적어야 한다.

아울러 마감기한을 정해야 한다. 연말을 기한으로 정하는 계획은 90% 이상 실패한다. 연말에 가보면 실제로 한 게 없다. 어려운 계획이라면 그에 상응하는 보상을 설정하는 것도 도움이 된다. 목표를 공유하는 것도 도움이 된다. 전체 목표를 다 공유

2021년 10대 계획

NO	목표 (현실적, 구체적)	실행관리	보상	목표의 동료공유
1	• **새로운 팀 정착** – 정보공유, 교류(코로나 후)	매월		한OO
2	• **김 작가 만들기** – 직장인 글쓰기 신 – 김부장의 스페인어	3월 6월	노스페이스 맥머도 리부트 구스다운	차 작가 브런치 글벗
3	• **브런치, 회사 칼럼 기고** – [브런치] 밥짓는 아빠, 직장인의 루틴, 스페인어(100편), 플래너 – [칼럼] 직장인의 글쓰기	+200편 12편	책발간	차 작가 황OO 과장
4	• **투자 공부** – 주식 투자(10권), 부동산 공부(공매) – 셰프듣기	연중 2월	521	아내
5	• **영어 SPA (55점)** – 스마트 영어교육, SPA시험	1~4월	노트북	한OO 가족
6	• **자녀교육** – 잠언(매일 저녁) – 영어/사회/역사 같이 공부	매일	서재 파티션	가족
7	• **스페인어** – 스페인어 어휘 정리, 기사 스터디	11월시험	합격증	송OO 김OO
8	• **5개 국어 (영/스/어/포/쯔)** – 잠언 5개 국어 (진도율 70%) – 5개 국어 브런치 글 게시	연중	브런치 내 인정	브런치 작가
9	• **건강관리** – 간헐적 단식, 과자/커피 금식 – 계단(2회/일), 철봉(10X3), 팔굽혀펴기(40X3)	상반기	체중감소	한OO 딸
10	• **IT학습** – 빅데이터, AI (K MOOC)	상반기	팀내 공유	한OO 송OO

필자의 2021년 계획표. 필자의 노트 첫 페이지를 장식하고 있다.

할 필요는 없고, 목표별로 공유하는 사람이 달라도 된다.

한 해 목표 외에 연간 단위로 반복되는 일이 있다. 챙겨야 하는데 자꾸 때를 놓치기 일쑤라면 한 해 주요일정을 한 곳에 적어두는 것이 좋다. 지인과 가족 생일, 교육 일정, 자기계발 일정, 주요 사업계획 일정을 한 곳에 적어두면 놓치지 않고 관리할 수 있다.

1월에 차량 관련 세금을 완납하면 10% 할인받을 수 있다. 해야 하는 일을 미리미리 챙기면 일 잘하는 직장인으로 인정받을 수 있다.

일 단위로는 루틴을 관리한다. 이제 본격적인 노트 쓰기다. 매일 노트 한 장을 할애해 쓴다. 일 단위 노트의 왼편에는 매일 습관처럼 해야 하는 일들을 적는다. 기상시간, 독서, 건강습관, 운동, 공부, 동기부여, 매일 해야 하는 업무 같은 것들이다.

좋은 루틴이나 일일 습관을 만드는 것은 쉽지 않지만, 방법은 있다. 좋은 습관을 만드는 데 필요한 것은 두 가지다. 하나는 행동에 대한 '보상'이다. 보상이 클 필요는 없다. 커피 한 잔처럼 작은 것이어도 된다. 다른 하나는 '체크'다. 일일 습관을 실천하면 완료했다고 체크 표시를 하는 것이다. 체크 표시를 할 때 은근한 쾌감이 있다. 작은 실천을 했다는 만족감이다. 체크 표시

2021년 주요일정

1월	• 새해계획수립(1/1) • 부친 기일(1/3) • 신년사 해외법인공유	• 결혼기념일(1/22) • 한○○ 생일	• 영어 스마트 교육 • 황○○ 이사 • 분당서울대병원(1/13) • 해외법인 현황 보고	• 집필마감(1/15) • 부친 추모원 방문 • 출간 수정 • 자동세금 완납
2월	• 주택 잔금 (3.9억) • 명의이전 등기 • 구정(2/11~14)	• 부친 생신(2/11) • 치과(스케일링) • 모친 보스웰리안	• 중고차 판매 • 신차 구입(쏘렌토)	• 자동차 보험료 정산(2/3)
3월	• 삼일절 (3/1) • 딸 생일(3/20)	• 모친 생신 (3/27)	• 신차 구입 주문 (쏘렌토, 하이브리드)	• 해외본부장 회의
4월	• 강○○ (4/21) • 아들 생일(4/22)	• 모친 생신(4/21)	• 스페인어 발간기획서 • 스테룸딩 글쓰기 프로젝트	
5월	• 노동절	• 어버이의날 선물 (5/8)		
6월	• 현충일 (6/6)	• 생일	• 글로벌 환경세미나	• 해외본부장 회의
7월	• 동생 생일 (7/11) • 노○○ 생일 쿠폰	• 중고차 판매	• 신차등록 (친환경세 체크)	
8월	• 광복절 (8/15)	• 여름휴가	• 출간기획서	
9월	• 추석 • 박○○ 생일	• 차명 추석 선물		• 해외본부장 회의
10월	• 개천절 (10/3) • 한글의날 (10/9)	• 애내 생일(10/6)	• 2022년 사업계획 수립	• 건강검진
11월	• 황○○ 생일 (11/19)		• 신용대출 연장	• 인테리어견적
12월	• 직원 선물 • 성탄절(12/25)	• 송년회 • 글로벌 환경 세미나	• 주택담보대출	• 해외본부장 회의

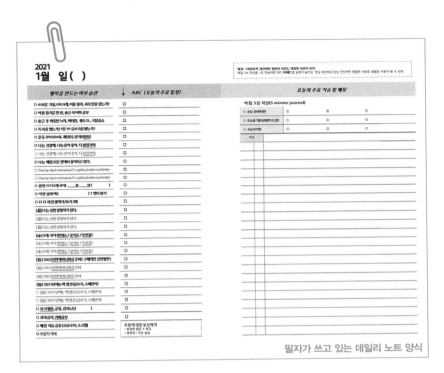

필자가 쓰고 있는 데일리 노트 양식

를 하기 위해 일일 습관을 실천하게 된다. 필자는 28개의 데일리 루틴이 있다. 그중에는 글쓰기도 있다. 매일 조금씩 쓴 글이 모여 독자들과 나눌 수 있는 글이 되었다.

일 단위 노트의 오른편에는 여백의 공간으로 만들고, 하루 동안 일어나는 주요 내용을 기록한다. 회의 결과, 팀원 면담내용, 지시사항, 느낀 점 등을 적는다. 직장인의 일기라고 생각하고 쓴다.

비전 노트 : 생각하는 대로 살게 된다

초등학생인 아들은 레고블록을 좋아한다. 고가 제품은 10만 원이 훌쩍 넘기도 한다. 한 번은 비싼 레고 제품을 샀는데 조립 설명서를 잃어버린 일이 있다. 부품은 모두 있는데 어떻게 조립할지 몰라서 우왕좌왕했다. 완성해야 하는 완제품 이미지가 있어도 조립 과정을 모르니 막연하기만 했다.

우리 인생도 레고와 같다. 인생의 조립 설명서가 있으면 차근차근 과정을 밟아나가면 된다. 물론 레고와 같이 완벽한 조립 설명서가 존재할 수는 없겠지만, 그래도 인생 조립 설명서가 있는 것과 없는 것의 차이는 크다.

"인생을 5개의 공을 돌리는 저글링이라고 상상해봅시다. 각각의 공은 일, 가족, 건강, 친구 그리고 영혼(나)입니다. 여러분은 조만간 '일'은 고무공이어서 떨어뜨리더라도 바로 튀어 오른다는 것을 알게 될 겁니다. 반면 다른 4개의 공은 유리로 되었다는 것도 알게 될 것입니다. 이 중 하나라도 떨어뜨리면 그 공은 닳고, 상처 입고, 긁히고, 깨지고, 흩어져 다시는 전과 같이 될 수 없습니다. 우리는 이 사실을 이해하고, 우리 인생에서 이 5개 공의 균형을 지키도록 노력해야 합니다."

— 더글러스 대프트, 코카콜라 전 회장

더글러스 대프트 회장의 말처럼 직장인에게는 일이 전부가 아니다. 저글링해야 하는 중요한 공이 여럿 있다. 필자는 가족/신체, 직업, 경제, 영성이라는 공을 저글링하기로 하고 인생의 마지막 순간에 이루고 싶은 꿈을 적었다. 30대, 40대, 50대, 60대와 같이 10년 단위로 이루고 싶은 키워드를 비전 노트에 적어 두었다. 막연할지라도 가슴 설레는 목표가 있으면 적었다. 이것이 필자의 인생 설계도다. 물론 완벽한 것은 아니고 매년 조금

필자가 관리하는 비전 노트

씩 수정해가고 있다.

인생 설계도가 있기에 우왕좌왕하거나 흔들리는 일이 조금 덜해진다. 때로는 제대로 조립하지 못하거나 실패하는 조각도 생기지만, 그래도 괜찮다. 다음 과정에서 조금씩 보완하면 된다. 다시 도전할 기회가 있다.

'생각하는 대로 살지 않으면 사는 대로 생각하게 된다'는 말이 있다. 자신의 인생 계획을 세우자. 직장인의 노트에 추가해두고 수시로 보면서 관리하자.

선배생각 : 상사의 지시사항을 모은다

필자는 함께 일하는 상사들의 생각과 지시사항을 모은다. 최고경영층의 신년사를 적어두기도 한다. 주요 경영회의에서 나온 경영층 지시사항도 여기에 적는다.

모아두면 보고서나 스피치를 쓸 때 반드시 도움이 된다. 내 글의 독자인 상사의 생각을 담을 수 있기 때문이다. 사람은 익숙한 내용에 끌리기 마련이다. 의사결정을 해야 하는 순간에는 익숙한 내용에 손이 가게 된다. 그러니 평소 상사의 생각을 적어두자.

경영정보 : 업무 정보를 적는다

업무와 관련해 직장인이 평소 알고 숙지해야 할 정보는 너무 많다. 외우고 있어야 하는 약어만 해도 얼마나 많은가. 회의시간에 각종 약어가 튀어나오면 혼자만 모르는 것 같아 위축된다. 필자가 다니는 회사에서는 자동차 프로젝트명이 약어로 공유된다. YF, IG, HG, BD, HC처럼 차량 이름이 정식으로 명명되기 전에는 약자로 공유된다. 생산 관련 용어들도 약어로 공유된다. UPH, C/T, PDI, IQS, MH, HPV, WBS, PBS, MIP, KD… 암호가 따로 없다. 머리가 아파온다.

신입사원 시절에는 이런 약어들을 혼자만 모르는 것 같았다. 그런데 선배 노트를 어깨너머로 보니, 약어들을 정리해두고 틈틈이 참고하고 있었다. 이후로는 업무 관련 정보를 노트에 적어두고 활용하고 있다.

임금체계, 그룹사 현황, 사업계획, 주요 경제지표 같은 내용도 경영정보란에 적어두고 활용한다. 평범한 직장인이 모든 것을 다 기억할 수는 없다. 단순한 기억은 노트에 맡기자. 기록은 기억을 넘어선다. 당신은 창의적인 일에 몰입하면 된다. 보고 중간에 상사가 '올해 회사의 사업목표 수치'를 물어보면 수첩을 펼치고 대답하면 된다. 외우고 있다면 좋겠지만 모든 정보를 다 외울 수는 없다. 내가 정보를 적절하게 관리하고 있다는 인상을 주면 된다. 상사는 당신의 꼼꼼함에 오히려 깊은 인상을 받을지 모른다.

　대관업무를 하는 최 선배는 수첩에 서울과 경기 지역의 주요 맛집을 빼곡하게 기록해두었다. 지역별, 메뉴별로 정리해서 관리한다. 직접 방문했던 곳이나 동료들이 추천한 장소들만 적는다. 인터넷을 조금만 서핑하면 각종 맛집이 나오는 시대이지만, 최 선배는 아직도 노트에 자신이 가본 맛집들을 기록하고 있다. 직접 가본 곳이기에 그곳에는 스토리가 있다. 음식점을 추천하면서 스토리를 함께 들려준다. 최 선배의 경쟁력은 스토리 있는 맛집 리스트다. 임원들은 외부 약속이 있으면 항상 최 선배에게 예약을 부탁한다.

인적자산 : 사람 쓰기를 하라

　사람에 대한 글쓰기를 하라. 직장생활에서 인간관계의 중요성은 아무리 강조해도 지나치지 않다. 당신의 주변 사람에 대한 이야기를 써두어라. 데일 카네기는 자신의 책에서 대인관계의 핵심이 되는 비밀을 공개했다. 그것은 바로 사람의 이름과 정보를 기억하는 것이다. 누군가를 다시 만났을 때 그의 이름과 작은 정보만 기억해도 상대방의 마음을 얻을 수 있다.

사람 쓰기는 사회생활에 가장 기본이 되고 위력도 강력하지만, 실천하는 사람은 많지 않다. 귀찮기 때문이다. 다른 사람들이 쓰지 않는다면 당신에게는 기회가 된다. 할 수만 있다면 당신만의 경쟁력이 된다.

다른 사람과 대화하다 알게 된 정보를 기억해두었다가 노트에 쓰자. SNS를 통해 알게 된 상대방의 정보도 적어두자. 생각보다 적을 게 많아 놀랄 것이다. 생일, 배우자 생일, 자녀 나이, 자녀 학교, 경력개발에 대한 고민, 재테크 이야기, 새로 이사 간 집의 일상, 함께 방문한 식당 정보, 취미, 관심사 등 소소하게 흘러가는 이야기들을 노트에 써두면 된다.

필자는 사람을 만나 대화하거나 통화 중에 알게 되는 내용이 있으면 포스트잇에 메모해둔다. 노트에 '인적자산'란을 만들어두고, 여기에 메모한 포스트잇을 모은다. 포스트잇이 쌓이면 노트가 지저분해지므로, 정보가 어느 정도 모이면 엑셀 프로그램으로 정리한다. 정리하다 보면 그 사람에 대한 기억도 떠오르곤 한다. 이런 과정이 반복되면서 인간관계에 활용할 수 있는 정보가 제법 쌓인다. 당신만의 인명사전이 만들어지는 것이다.

자! 이제 활용해볼 시간이다. 오랜만에 다시 만나거나 업무상 통화하는 사람이 있는가? 당신만의 인명사전을 펼쳐서 그 사람에 대한 정보를 슬쩍 훑어본다. 5초도 걸리지 않아 이야깃거리가 생긴다. '지난번에 이사 때문에 고민이 많았는데, 지금은 어떠냐', '아이들은 전학 간 학교에 잘 적응하냐'처럼 남들이 쉽게 알기 힘든 이야기를 할 수 있다. 상대방에 관한 따뜻한 이야기를 나눌 수 있다. 이 세상에서 가장 소중한 이야기는 자신의 이야기다. 상대방은 자신을 기억해주는 당신에게 빠져들 것이다.

다른 사람들과 나눈 이야기를 적으면 다시 만났을 때 그 사람의 스토리에서 이야기를 시작할 수 있다. 사람 쓰기를 하지 않으면 사람을 만날 때마다 매번 처음부터 다시 대화를 시작해야 한다. 수십 번을 만나도 관계는 같은 자리에 머문다. 하지만 당신은 사람 쓰기라는 무기를 가지고 있다. 이미 대화의 시작점이 남들과 다르다.

'번거롭게 그런 걸 일일이 적어?'라고 생각하는가? 사람 쓰기는 숙제가 아니다. 즐겁게 하면 된다. 사람 쓰기를 하면 어색한 만남에서도 대화를 주도할 수 있다. 할 말이 많아진다. 대화가 얼마나 즐겁겠는가. 특히 내성적이거나 대화에 서툰 편이라면 더 열심히 적어야 한다. 적을수록 사람과의 만남이 기다려질 것이다.

어떤 이들은 필자를 만나면 디테일한 기억력에 놀란다. 어떻게 그런 것까지 기억하고 있냐고 되묻는다. 따뜻한 관심에 고마워한다. 필자가 기억하는 것이 아니라 손이 기억하는 것이다. 그저 귀로 들었던 것을 손으로 썼을 뿐이다. 20년 직장생활을 하면서 이렇게 하는 사람을 본 적이 없다. 필자에게는 인간관계의 영업비밀이다. 다른 사람들이 하지 않기에 의미가 있다. 지금이라도 시작해보자. 일단 노트에 사람 쓰기를 하자. 그것이 또 다른 글쓰기의 시작이다.

생일을 적어놓기만 해서는 안 된다. 생일이 되면 축하 메시지를 보내주자. 바쁜 직장인은 생일도 제대로 챙기기 어렵다. 때로는 당신의 생일축하가 그 사람이 받은 유일한 축하인 경우도 있다. 이 글을 쓰는 오늘도 전(前) 부서 동료에게 생일축하 메시지를 보냈다. '이제 생일을 축하해주는 사람이 당신밖에 없는데 너무 고맙다'는 답신이 왔다. 하루에 30초만 투자하면 당신은 센스 있는 사람으로 기억될 것이다. 당신 노트에 생일을 적기만 하면 된다. 틈날 때마다 적어두면 소중한 정보가 된다.

당신에게 의미 있고 소중한 사람이라면 생일에 케이크를 보내보라. 경험상 지인이 남자라면 배우자 생일에 케이크를 선물하는 것이 더 효과적이다. 케이크값이 아깝다고 생각한다면, 투자라 여기라고 말하고 싶다. 주식 몇 주보다 가성비 높은 인간관계 투자다. 그리고 경험상 반드시 돌아온다. 케이크로 돌아오는 것이 아니라, 더 큰 것으로 돌아온다. 복리 수준이 아니라, 대박 수준으로 돌아온다.

얼마 전 친한 후배의 아내 생일에 수제 케이크를 집으로 보냈다. 그 후배는 어디에서든 필자 칭찬을 하고 다닌다. 인간적인 칭찬을 넘어 필자의 업무성과와 역량에 대해서도 칭찬한다. 바란 것은 아니지만 필자의 진심 어린 관심에 후배 나름대로 보답하려 노력하는 것이다. 술 사주는 선배는 많다. 후배에게는 술 사주는 여러 선배 중 하나가 될 뿐이다. 그러나 배우자 생일에 케이크를 선물하는 선배는 이 세상에 하나밖에 없다.

필자의 상사였던 김 상무는 메모광이다. 그의 수첩에는 경영층 지시사항이 일자별로 빼곡하게 기록돼 있다. 경영층 지시사항에 관한 한 김 상무가 전문가다. 경영층이 대충 말해도 의중을 정확하게 읽어내고 원하는 답을 가져간다. 꾸준한 노트 쓰기가 훌륭한 임원을 만든 것이다.

김 상무의 수첩 뒤편에는 20명 넘는 직원이 각각 한 페이지씩 배분돼 있다. 직원의 관심사가 무엇인지, 최근 진행한 성과는 무엇인지, 가족 이야기, 영어점수 목표는 몇 점인지가 꼼꼼하게 적혀 있다. 팀원들에 대해 쓰고 또 쓴다. 직원들과 면담할 때면 자연스럽게 심도 깊은 대화가 진행된다. 자신에게 이렇게 관심을 갖는데 팀원들이 리더를 존경하지 않을 수 있을까?

영화배우 덴젤 워싱턴은 펜실베이니아 대학교 졸업식 축하연설에서 인생을 시작하는 후배들에게 이렇게 당부했다. "가져본 적이 없는 것을 얻으려면, 결코 해본 적이 없는 것을 해야 한다 (To get something you never had, you have to do something you never did)." 가져본 적 없는 다른 사람의 관심과 이해를 바란다면 그동안 해보지 않았던 것을 해보아야 한다. 이제 사람 쓰기를 하자.

당신만의

글쓰기 플랫폼을 만들어라

16

"스티브 잡스의 천재성은
디자인이나 비전이 아니라, 기존 제품을 개량해
새로운 제품을 만들어내는 편집능력에 있다."
— 말콤 글래드웰

상사에게서 보고서 작성 지시가 내려왔다. 어디서부터 시작
해야 할지 모르겠다. 일단 컴퓨터를 켠다. 오피스 프로그램을
열어본다. 키보드로 몇 자 두드려본다. '역시 생각을 먼저 정리
해야 할 것 같다'고 생각한다. 노트에 몇 자 적어본다. 그러다 보
니 관련 자료가 필요할 것 같다는 생각이 든다. 인터넷을 열어
본다. 자료를 검색한다. 생각보다 온라인에 자료가 많지 않다.
'경험자의 의견이 최고'라는 생각이 든다. 관련 부서 담당자 의
견을 들어볼 필요가 있는 것 같다. 관련 부서에 가서 이야기를

듣고 온다. 딱히 도움 되는 내용은 없었다. 그냥 커피 한 잔 하고 자리로 돌아왔다.

여전히 당신의 PC 화면에는 빈 화면만 덩그러니 놓여 있다. 일주일이 지나도 보고서는 그대로. 어떠한가? 당신의 글쓰기 일상이지는 않은가? 직장에서 글쓰기는 항상 고민이다. 평범한 직장인에게 글쓰기는 항상 쉽지 않다.

글쓰기가 어려운 이유는 당신만의 글쓰기 플랫폼이 없기 때문이다. 자신만의 글쓰기 플랫폼을 만들어라. 플랫폼에서 고속철도에 올라타듯 글쓰기 플랫폼이 당신을 목적지에 빠르게 데려다줄 것이다.

성장의 플랫폼이 필요하다

플랫폼 기업, 플랫폼 비즈니스 등 '플랫폼'이라는 용어를 많이 사용하고 있다. 도대체 플랫폼이 뭔가? 개념을 명확히 이해해야 나만의 글쓰기 플랫폼을 만들 수 있다.

플랫폼은 주위보다 조금 높으면서 평평한 장소를 뜻한다. 기차역 같은 곳에서 승객들이 타고 내리기 쉽게 단을 높인 평평한 장소다. 바로 승강장이다.

플랫폼은 사람과 교통편을 연결해준다. 기차, 지하철, 버스를 타려는 승객은 플랫폼으로 모여든다. 교통수단도 플랫폼으로 진입한다. 승객과 교통편을 연결함으로써 플랫폼은 '이동'이라는 가치를 만들어낸다. 아울러 플랫폼은 승객과 상점도 연결해준다. 승강장에는 잡지, 기념품, 먹거리를 판매한다. 승객이 플랫폼에서 소비함으로써 '수익'이라는 가치를 창출한다.

사전적 의미의 플랫폼은 최근 생산자와 소비자가 연결돼 서로 원하는 가치를 거래할 수 있는 거점으로 의미가 확대되었다. 그리고 사업자가 플랫폼을 형성하고 운영해서 수익을 창출하는 것을 플랫폼 비즈니스라고 한다. 네이버, 카카오, 구글, 페이스북, 인스타그램, 아마존, 우버, 에어비앤비, 쿠팡 같은 기업들이 대표적이다.

SNS 플랫폼인 페이스북은 어떻게 세계 최고의 기업이 될 수 있었을까? 대한민국에도 대표 SNS 싸이월드가 있었다. 1999년 서비스를 시작해 2000년대 초반까지 '국민 SNS'라 불렸다. 필자도 싸이월드 미니홈피를 열심히 관리했던 기억이 난다. 하지만 지금은 도메인 연장 여부만으로도 오랫동안 설왕설래할 정도로 쇠락했다. 싸이월드는 플랫폼이라는 시대의 변화에 한발 늦게 대처했다. 그 바람에 서비스 제공자와 이용자 사이에 연결이 이루어지지 않고 삐걱였다.

반면 페이스북은 네트워크 연결과 플랫폼 구축을 위해 노력했다. 외부 개발자들에게도 페이스북 애플리케이션을 개발할 수 있는 플랫폼을 제공했다. 사용자에게서 발생하는 모든 정보를 관리하고 데이터화했다. 그것을 활용하는 거대한 플랫폼을 구축하기 위해 노력했다. 사용자들은 페이스북이라는 SNS 플랫폼에 열광하게 되었다.

김병완 작가는 자신의 책《한번에 10권 플랫폼 독서법》에서 "멈추지 않고 성공하는 기업들은 절대로 어제의 성공에 자만하거나 안주하지 않고 끊임없이 자신을 혁신하고 연결하고 플랫폼을 구축한다는 특징이 있다"고 했다. 그는 플랫폼이 사람에게도 필요하다고 강조한다. "사람도 마찬가지다. 제자리에 안주하지 않고 성장하기 위해서는 끊임없이 혁신하고 연결하고 플랫폼을 구축해야 한다."

직장인 글쓰기도 마찬가지다. 글을 잘 쓰려면 자신만의 글쓰기 플랫폼이 있어야 한다.

직장인의 글쓰기, 플랫폼에서 배운다

해외법인 주재원으로 근무하는 이 과장이 보고서를 작성하면 본사 실무자들이 술렁거린다. 보고서의 퀄리티에 다들 놀라는 것이다. 이 과장은 짧은 시간에 수준 높은 보고서를 만들어내는 것으로 유명하다. 그의 보고서는 실행력도 있다. 보고를 위한 보고에 그치지 않고 실제 추진돼 법인의 수익성을 높이는 데 일조한다.

궁금해서 그에게 글쓰기 비결을 물어보았다. 배우겠다는 마음으로 간절하게 물었다. 이 과장은 자신의 글쓰기 플랫폼을 공유해주었다. 자신의 업무인 인사와 관련된 주제를 분류하고, 각각에 적합한 보고 양식 및 내용을 미리 세팅해둔 것이다. 업무지시가 내려오면 해당 주제의 보고서 항목을 연다. 이미 어느 정도 정보와 아이디어를 가지고 시작하는 터라 빨리 쓰면 30분만에도 보고서를 마무리한다. 자신만의 강력한 글쓰기 플랫폼이 있기에 가능한 일이다. 한번 만들어놓은 플랫폼은 직장생활 내내 이 과장의 강력한 무기가 되고 있다.

"글쓰기에서도 자기가 가진 최선의 능력을 발휘하려면 연장들을 골고루 갖춰놓고 그 연장통을 들고 다닐 수 있도록 팔심을 기르는 것이 좋다. 그렇게 해놓으면 설령 힘겨운 일이 생기더라도 김이 빠지지 않고, 냉큼 필요한 연장을 집어들고 곧바로 일을 시작할 수 있다."

—스티븐 킹, 《유혹하는 글쓰기》(김영사)

플랫폼은 비즈니스에만 유용한 것이 아니라 글쓰기에도 적용된다. 《유혹하는 글쓰기》에서 스티븐 킹은 '연장통'이라는 형태의 플랫폼을 가지고 있다고 고백했다. 직장인의 글쓰기에도 이런 플랫폼이 필요하다. 평범한 직장인도 글쓰기 플랫폼을 잘 만들어두면 가치 있는 글, 수준 높은 글을 쓸 수 있다. 심지어 빠르게 쓸 수 있다. 어떻게 나만의 플랫폼을 만들 것인가? 직장인 고수들의 글쓰기 비법을 정리해보았다.

첫째, 당신만의 정보 분류체계를 만들어라.

직장인 글쓰기의 80~90%는 기존의 글이다. 쓰는 글이 반복된다는 것이다. 기존 영역이 아닌 아예 새로운 글쓰기는 20%도 채 되지 않는다. 항상 반복하는 80~90%의 글쓰기 체계를 탄탄하게 잡아놓아야 한다.

당신과 팀이 1년 동안 어떤 글을 썼는지 분류해보라. 앞서 이 과장의 사례처럼 자신만의 분류체계를 만드는 것이다. 예를 들어 당신이 인사 담당자라면 채용, 보상, 승진, 평가, 교육, 징계 등 자신의 인사업무를 재정의해 분류체계를 만들 수 있다.

그런 다음 각 분류체계에 관한 글과 보고서를 모으자. 하나의 폴더에 모을 수도 있고, 특정 오피스 프로그램(엑셀, 워드, 파워포인트)에 모아둘 수도 있다. 당신만의 글쓰기 구조를 가지는 것이다. 글 잘 쓰는 직장인들은 이미 이렇게 하고 있다. 바닥에서부터 쓰는 것과 기본 정보가 있는 상태에서 시작하는 것은 속도와 질에서 차이가 난다. 글쓰기 목적지에 빠르게 도달하기 위해 탄탄한 플랫폼에 올라타는 것이다.

나만의 글쓰기 플랫폼을 만들어놓으면 그 안에서 정보와 정보가 연결된다. '주재원 교육'에 대한 글쓰기를 한다고 가정해보자. 당신의 플랫폼 안에서 주재원 교육은 채용, 보상, 승진, 평가 등 다양한 영역의 정보들과 연결된다. 아이디어를 융합하고 새로운 해결책을 만들기 위해 재창조하고 재구상할 수 있게 된다. 기존에 없던 새로운 주재원 교육 아이디어가 나온다. 적어도 실행 가능한 탄탄한 해결책이 나온다. 이렇게 정보 간의 상호작용을 통해 만들어진 아이디어와 해결책은 다시 당신의 플랫폼을 채워 다음 글쓰기를 도울 재료가 된다.

《에디톨로지》의 저자 김정운 교수가 뛰어난 학자이자 작가가 될 수 있었던 비결은 플랫폼의 중요성을 알았기 때문이라고 생각한다. 그는 자기 나름의 분류체계를 만들어 그 안에 자료가 모이도록 만들었다. 책을 읽으며 새로운 내용이 나올 때마다 개념별로 정리해 넣는다. 어떤 주제나 아이디어가 떠오르면 자신의 플랫폼에서 검색한다. 그러면 관련 정보와 데이터가 올라왔다. 그렇게 자료를 읽고, 정리하고, 분류하고, 재구성한다. 간단한 리포트나 글쓰기는 분류된 데이터를 정리하기만 해도 완성된다.

둘째, 정보가 당신에게 모여들어야 한다.

자신만의 플랫폼을 만들려면 어느 정도의 데이터가 쌓여야 한다. 그것도 양질의 정보가 축적되어야 한다. 그래야 후속 단계인 편집과 창조, 재구성과 재창조의 영역으로 넘어갈 수 있다. 김정운 교수도 이런 창조의 비밀을 자연스럽게 깨닫고 실천했다.

회사의 글쓰기도 마찬가지다. 일단 일정량의 글쓰기 정보를 수집하고 이를 바탕으로 나만의 플랫폼을 만들어야 한다. 플랫폼을 만드는 데 성공하면 그다음은 일사천리다. 넘치는 정보를 축약하고, 부족한 정보는 관련 부문에서 추가하면 된다. 플랫폼이 만들어지면 여기저기 흩어져 있던 정보들이 모여든다. 생각이 확장되고 정리된다. 글쓰기가 점점 정교해진다. 그래서 필자는 플랫폼 구축이 글쓰기의 5할이라고까지 말한다.

그러니 양질의 플랫폼을 만들자. 회사의 중요 정보를 모으려 노력하자. 가만히 있는 당신에게 정보를 물어다주는 사람은 없다. 직접 뛰어야 한다. 당신에게 회사의 주요 정보가 모이도록 만들어야 한다. 예를 들어 사업계획, 주요 실적, 경영진 회의 결과, 경쟁사 동향, 산업 트렌드, 본부 주간업무 보고 같은 자료들이다. 그 밖에도 당신의 업무에 유용한 정보들이 있을 것이다. 그런 정보가 주기적으로 당신에게 모일 수 있도록 세팅해두어야 한다. 그래야 정보를 놓치지 않고 활용할 수 있다.

기획실 강 과장은 회사 정보의 대가다. 회사의 주요 경영정보를 받을 수 있도록 세팅해두었다. 그러고는 자신의 글쓰기에 십분 활용한다. 강 과장의 보고서는 상사들이 좋아한다. 회사의 최근 경영흐름에 꼭 맞는 글이기 때문이다.

셋째, 사람이 모이는 플랫폼이 되어야 한다.

전 과장은 총무팀에 근무한다. 자신의 업무가 아니면 총무팀 관련 문의가 와도 응대하지 않는다. '그건 제 업무가 아닙니다'라며 매몰차게 끊는다. 물론 이해는 간다. 하루 종일 전화만 붙들고 일할 수는 없다. 그래도 누가 담당이라고 안내만 해줘도 될 텐데, 무관심하다. 회사 사람들은 전 과장에게 연락하기를 꺼린다.

한 과장은 인사팀 소속이다. 인사팀에 문의가 오면 자신의 업무가 아니라도 내용을 확인해서 알려준다. 바빠서 직접 대응이 어려우면 누가 담당인지 알려준다. 사람들은 인사팀과 관련된 업무를 부담 없이 한 과장에게 문의한다. 문의에 하나씩 대응하면서 한 과장은 인사업무 전반을 꿰게 되었다. 인사팀에서 한 과장이 가장 폭넓게 업무를 안다. 이렇게 행동하니 타 부서에서 인기가 많다. 고마운 마음에 한 과장이 협조 요청을 하면 다들 도우려고 한다. 인사팀장도 타 부서 자료나 협조가 필요한 보고서는 한 과장을 찾는다. 한 과장을 통해 보고서를 작성하면 타 부서 협조를 쉽게 얻기 때문이다.

필자가 20년 동안 경험한 일 잘하는 사람의 특징 중 하나는 바로 '사람 간의 플랫폼'이 되는 것이다. 당신에게 사람들이 모여들어야 한다. 당신이 가지고 있는 정보과 경험을 바탕으로 사람들을 도와야 한다. 도움을 받은 사람들은 기꺼이 당신 글쓰기의 조력자가 된다. 어떠한 일이든 당신을 통하면 된다는 인식을 주변에 심어주어야 한다. 번거로울 수 있지만, 조금만 노력하면 할 수 있다. 작은 차이가 당신 글의 품질을 결정한다.

한 과장은 코로나19 이후 노동환경을 검토하라는 지시를 받았다. 평소 그가 도와주었던 경영연구소와 기획팀 직원들이 참고자료를 보내왔다. 외부 연구기관에서도 공개되지 않은 내부 자료를 지원해주었다. 한 과장은 모은 정보들을 연결했다. 융합해서 새로운 해결책을 제시했다. 한 과장만이 쓸 수 있는 글이 완성되었다. 사람이 모이면 정보가 모인다. 아이디어가 생겨난다. 새로운 솔루션을 찾을 수 있다.

플랫폼은 연결이다

직장에서 혼자 쓸 수 있는 글은 많지 않다. 부서와 부서, 정보와 정보 간의 연결을 통해 글쓰기가 완성된다. 그 속에서 새로움을 창조하는 것이 직장인의 글쓰기다.

정보를 연결하기 위해 필요한 것이 플랫폼이다. 당신만의 플랫폼이 있으면 정보와 지식과 경험을 연결하고 융합하고 구축해 솔루션을 찾아낼 수 있다. 세상에 하나밖에 없는 새로운 것을 만들어낼 수 있다. 가치 있는 직장인 글쓰기를 할 수 있다. 필자도 오늘 글쓰기 플랫폼을 점검해보려 한다. 당신은 어떻게 플랫폼을 만들 것인가?

글쓰기의
벽이 온다

17

> "아무리 해도 글이 안 써질 땐, 월급을 생각한다."
> — 직장 선배

'데이터에 의한 현장관리 방안'을 고민하고 있었다. 제목과 아이디어를 몇 개 끄적거렸다. 글이 한 줄도 나가지 않았다. 매일매일 시간은 흘러가는데 보고서 진도가 안 나갔다. '빨리 써야 하는데' 하고 생각만 할 뿐, 쓸 수 없는 답답한 상황이었다. 미칠 것 같았다. 거대한 벽이 앞을 막고 있는 느낌이었다.

글을 쓰는 것 자체가 싫어지기도 한다. 직장생활 내내 글을 써야 하는지 회의가 든다. 잘 쓰는 사람의 글을 보면서 위축되기도 한다. 계속 쓸 수 있을지 자신감을 잃는 경우도 있다. 상사와 동료의 좋지 않은 반응에 좌절하기도 한다.

직장인의 글쓰기에는 벽이라는 놈이 존재한다. 신입사원도, 글쓰기 베테랑인 김 부장도 글쓰기의 벽에 부딪힌다. 이 벽에서 자유로운 직장인은 없다. 글을 쓰다 보면 반드시 슬럼프가 찾아온다. 한 줄도 써지지 않는 상황에 내몰린다.

글쓰기의 대가들도 벽에 부딪혀 좌절하곤 했다.《아웃라이어》의 말콤 글래드웰,《노르웨이의 숲》의 무라카미 하루키,《유혹하는 글쓰기》의 스티븐 킹도 예외가 아니었다. 정신분석학자 에드먼드 버글러(Edmund Bergler)는 이 벽을 '작가의 장벽(writer's block)'이라 불렀다. 우리가 문제인 게 아니다. 글을 쓰는 한 누구에게나 찾아오는 숙명이다. 그것이 글쓰기의 벽이다. 직장인으로 살아가는 한 글쓰기에서 자유로울 수 없다. 퇴직하지 않는 이상 써야 한다. 글쓰기가 되지 않을 때 어떻게 극복할 수 있을까?

┃ 글쓰기의 벽을 뛰어넘는 법

글쓰기의 슬럼프를 극복하는 뾰족한 방법이 있는 것은 아니다. 다만 20년의 직장생활을 통해 글쓰기의 돌파구를 찾는 몇 가지 방법을 체득할 수 있었다.

첫째, 중간에서 시작하자.

《타이탄의 도구들》에 보면 글쓰기의 두려움을 극복하는 방법 하나로 '몇 개의 시작'을 만드는 것이 나온다. 여러 버전 중 하나를 시작점으로 삼으면 되니 '처음'에 대한 부담이 줄어든다. 나머지 문장은 중간을 이어가는 실마리로 삼아도 되고, 흐름에 맞지 않으면 버려도 된다.

반드시 처음부터 쓰지 않아도 된다는 것을 기억하자. 강원국 작가는 글쓰기가 막히면 "아는 것, 쉬운 것부터 쓰기 시작하라"고 조언한다. 조금만 쓰겠다고 마음먹고 시작해서 야금야금 늘려가라는 것이다. 한꺼번에 많은 분량을 쓰겠다고 덤비면 뇌가 겁을 먹어 글이 막힌다.

일단은 글을 쓰기 위해 자리에 앉자. 오피스 프로그램을 열자. 첫 시작이 풀리지 않는가? 중간에 생각나는 내용을 채워 넣자. 먼저 생각나는 것을 먼저 쓰는 것이다. 채워가다 보면 글은 완성을 향해 달려간다.

둘째, 멀리서 바라보자.

이 방법은 간단하다. 글이 써지지 않는 시기에는 의도적으로 글쓰기를 피하고 다른 일을 하는 것이다. 글쓰기를 다시 할 마음이 들도록 살짝 '딴짓'을 하는 것이다.

글이 안 써지면 PC 앞에 아무리 앉아 있어도 답이 없다. 일단 자리를 박차고 일어난다. 독서, 산책, 동료와의 대화, 토론 같은 것이 도움이 된다. 회사 건물을 한 바퀴 돈다. 멍하니 걸으면서 머릿속으로는 글쓰기 주제를 생각한다. 걷다가 정리되는 경우가 있다. 자리에서 일어나 걷는 것만으로도 실마리가 어느 정도 잡힌다. 그러면 사무실로 달려가 정신없이 써내려간다. 생각보다 많은 작가들이 글쓰기가 막히면 산책을 한다.

필자는 글이 써지지 않을 때 도서관에 간다. 이 책 저 책 열어 목차를 본다. 그러다 관심 가는 책이 있으면 그림책을 보듯 훑어본다. 자신의 글과 관련된 내용도 좋고 아예 다른 분야의 책도 좋다. 읽다 보면 아이디어가 생각난다.

셋째, 동료들과 대화하자.

글쓰기 주제를 가지고 관련 부서 사람들을 만나서 대화한다. 무겁지 않게, 일상 대화하듯 가볍게 해도 된다. 이야기를 나누다 보면 글쓰기가 풀리는 경우가 생긴다.

필자는 업무상 해외법인 주재원들과 이야기를 많이 한다. 그러다 보면 해결책을 찾기도 한다. 관련 부서 직원들을 만나기 어렵다면 팀원들과 대화하는 것도 방법이다. 서로 나누는 이야기 속에서 힌트를 발견하기도 한다.

넷째, 자기암시를 하자.

자신을 믿어야 한다. 당신 안에 쓸 거리가 있다고 믿는 것이다. 글쓰기가 안 될 때는 아래의 주문을 마음속으로 외워보자.

'나만 힘든 것이 아니다. 모든 직장인에게 어려운 것이 글쓰기다.'

'모두 나처럼 빈 페이지에서 글쓰기를 시작한다. 그래서 어려운 것이 직장인의 글쓰기다.'

'나는 이미 여러 번 글쓰기에 성공한 베테랑이다. 이번에도 성공할 것이다.'

다섯째, 절박한 환경을 만들라.

글이 도무지 써지지 않으면 절박한 상황을 만드는 것도 방법이 될 수 있다. 사람은 위기감을 느끼는 순간에 집중력이 배가된다. 초인적인 힘이 나온다. 아이가 깔린 자동차를 들어 올렸다는 어머니 이야기가 있다. 위기 상황에서 엄청난 힘을 발휘한 것이다.

이 책을 준비하면서 몸이 좋지 않았다. 병원에서 검진을 받았다. 췌장에 이상이 있다는 진단이었다. 걱정과 두려움이 몰려왔다. '내가 잘못되면 우리 아이들은 어떡하지?' 무엇인가를 준비해야 했다. 글에 몰입했다. 절박함에 글을 써내려갔다. 몇 달째

지지부진하던 글이 폭포수처럼 쏟아졌다.

항상 위기가 생길 수는 없다. 항상 절박한 상황이 생기는 것도 아니다. 인위적으로 절박한 환경을 만들면 된다. 글을 쓰지 못했을 때 생기는 곤란한 상황을 상상하는 것도 방법이다. 기한 내 작성하지 못하면 상사의 질책, 주변 동료의 실망스러운 시선에 노출된다. 곤란한 상황을 피하기 위해서는 글에 집중할 수밖에 없다.

여섯째, 그래도 써야 한다.

일단은 시도해야 한다. 넋 놓고 있을 수는 없다. 회의실에 가서 끄적거려 보기도 한다. 서점에 가서 관련된 책을 읽으며 마음이 뜨거워지도록 기다려보기도 한다.

스콧 배리 카우프먼(Scott Barry Kaufman)은 펜실베이니아 대학 상상력연구소 과학소장이자 심리학자다. 《타고난 창조자 (Wired to Create)》의 공저자이기도 하다. 그는 작가의 벽을 뛰어넘는 방법은 '무엇이건 써보는 것'이라고 조언한다. 종이에 아이디어든 지식이든, 무엇이든 써보면 도움이 된다는 것이다.

일곱째, 자신을 위로하자.

그래도 써지지 않을 수 있다. 이런저런 노력이 모두 효과가 없을 때는 잠시 펜을 내려놓자. 스스로를 위로하자. 최선을 다한 자신을 토닥여주자. 스스로에게 너무 가혹해지지는 말자. 또 아는가? 지금 그 글을 쓰기에는 아직 시간이 무르익지 않았는지.

▌ 돈 받고 쓰는 글

글을 잘 쓰는 선배에게 글쓰기가 어려운 순간이 오면 어떻게 하느냐고 물었다. 선배는 피식 웃었다. 두려움과 싸워가며 꾸역꾸역 쓴다는 것이었다. 그래도 안 써지면 월급을 생각한다고 했다. '돈 받고 쓰는 글인데 써야지' 하고 마음을 다잡는다고 한다.

어느 날 당신에게도 글쓰기의 벽이 찾아올 것이다. 당신은 어떻게 극복할 것인가?

그래도
매일 써라

18

"위대한 작품은 힘이 아니라 인내로 이뤄진다.
하루 3시간씩 활기차게 걷다 보면 7년 후에 지구를 한 바퀴 돌 수 있다."
— 새뮤얼 존슨, 시인

필자는 새로 전입 오는 후배들에게 매일 글쓰기를 하도록 지도한다. 업무 특성상 글로벌 동향을 쓰도록 한다. 해외법인에는 다양한 이슈가 있다. 인사 이슈도 있고, 생산 이슈도 있다. 안전 이슈도 있다. 발생한 이슈들을 매일 글쓰기를 통해 하나씩 분석해보는 것이다.

1년 전에 전입 온 후배가 최근에 보고서를 작성했다. 생각보다 잘 써서 놀랐다. 해외법인에서 발생한 문제의 시사점을 날카롭게 분석했다. 한 해 동안 써온 글로벌 동향이 실력을 키운 것이다. 업무 보고서는 쓰면 쓸수록 실력이 는다. 하루에 한 가지씩 쓰면 1년에 200여 개 주제를 분석하게 된다. 매일 쓰면 글쓰기 실력이 향상된다. 더불어 글로벌 전문가가 된다.

글쓰기에는 글쓰기 근육이 필요하다. 글쓰기 근육은 훈련을 통해 만들어진다. 훈련은 한 번만 하는 것이 아니다. 매일 하는 것이다.

▌매일이 쌓여 위대한 글이 된다

글쓰기의 거인들은 매일 쓴다. 무라카미 하루키는 매일 원고지 20매를 작성했다고 한다. 잘 써진다고 20매보다 더 쓰는 것도 아니고, 안 써진다고 그냥 넘어가는 것도 아니다. 매일매일 원고지 20매를 작성하는 것뿐이다. 그렇게 하면 한 달에 600매, 반년이면 3600매 분량이 나온다. 매일의 채움이 지나면 책이 한 권 나오는 것이다. 그렇게 해서 《노르웨이의 숲》과 같은 대작이 나왔다. 일본에서 가장 많이 팔린 소설이 되었다. 한국에 하루키 신드롬을 일으켰다. 하루키는 매일 썼을 뿐이다.

다산 정약용 선생은 18년의 유배기간 동안 500여 권의 책을 저술했다. 과골삼천(踝骨三穿), 복숭아뼈가 3번이나 구멍 나도록 서책을 읽고 글을 썼다. 독자가 없어도 하루를 글쓰기로 채워나갔다. 매일 쓰기가 다산 정약용을 조선의 위대한 학자로 만든 것이다.

《매일 아침 써봤니?》,《영어책 한 권 외워봤니?》의 저자 김민식 PD도 매일 쓰기의 중요성에 대해 말하고 있다. 그는 매일 블로그를 쓴다. '글이 재미있을지, 사람들이 보러 올지, 글을 흉보지는 않을지'에 대한 두려움을 극복하고 그저 쓴다고 한다. 드라마 PD였던 그는 하루아침에 드라마국에서 송출실로 발령 나는 어려움을 겪으며 매일 글쓰기 했다. 자신의 의미를 찾기 위해 매일 글을 썼다. 그 글들이 모여 7권의 책이 되었다.

앤절라 더크워스(Agela Duckworth)는 자신의 책《그릿》에서 "인생에서 재능보다 중요한 것은 끈기"라고 말한다. 책 제목이기도 한 '그릿(grit)'은 한 가지를 오랫동안 꾸준히 추구하는 능력을 가리킨다. 설렁설렁 하는 연습이 아니라 의식적이고, 질적으로 높은 수준의 연습을 통해 원하는 바를 달성할 수 있다고 말한다. 직장인의 글쓰기에도 중요한 것은 재능이 아니라, 매일 의식적으로 꾸준히 반복하는 것이다.

소설가 김훈의 필오서(必五書)는 유명한 이야기다. 이를 악물고 반드시 하루 5장의 원고지를 쓴다. 그렇게 5장이 모이고 모여서《남한산성》이 되고《칼의 노래》가 되었다. 우리라고 못할 것이 무엇인가? 매일 조금씩 써내려가면 된다.

매일 무엇을 쓸 것인가?

당신은 매일 글을 쓰는 사람이 아닌가? 자신감은 당신에 대한 믿음이다. 믿음은 매일 꾸준하게 무언가를 하는 성실함에서 나온다. 매일 글을 쓰다 보면 스스로 믿을 수 있게 된다. 글에 대한 자신감이 생긴다. 글쓰기 업무가 와도 자신 있게 임할 수 있다. 글에 대한 거부감이 줄어든다.

글 잘 쓴다고 부러워하는 동료와 선배에게도 '첫 글'이 있었다. 매일 쓰는 훈련을 통해, 포기하지 않는 끈기를 통해 오늘 당신이 보는 훌륭한 글을 쓰게 된 것이다. 일단 매일 펜을 들어야 한다. 매일 키보드를 두드려야 한다. 한 문장이라도 좋다. 한 장이라도 좋다. 그렇다면 매일 무엇을 쓸 것인가? 몇 가지 힌트를 드리겠다.

첫째, 업무 관련 기사를 요약하자.

직장인은 뭐니 뭐니 해도 업무 관련 글을 잘 써야 한다. 자신이 몸담은 산업과 관련된 신문기사를 찾아서 요약해보라. 경영 관련 잡지도 좋은 글쓰기 재료다. 기사를 읽고 핵심 내용을 요약해보는 것이다. 회사에서 신문 스크랩을 제공한다면 글감을 쉽게 찾을 수 있다. 자기 일에 관한 기사를 매일 요약하면 글쓰기 실력이 향상된다.

필자는 자동차 산업에 종사하고 있다. 2020년에 요약한 글들을 보면 '코로나19 전망', '우버의 코로나 대처법', '차박에 꽂힌 2030세대', '고성과 조직의 공통분모', '이재용은 왜 펠리세이드를 타고 왔나', '전기차 굴리고 남은 배터리에 주목하는 이유는', '우버는 왜 자율주행차 사업 매각했나' 등의 기사들이다.

기사 요약을 매일 하면 업무 관련 지식이 늘어난다. 요약하는 과정에서 보고서에 넣을 아이디어를 얻기도 한다. 필자도 기사를 요약하다 아이디어를 얻어 '코로나19 관련 미국 노동환경 분석' 보고서를 작성하기도 했다. 만만치 않은 주제였는데 평소 요약을 해둔 덕분에 비교적 쉽게 작성할 수 있었다.

천릿길도 한 걸음부터다. 처음부터 글쓰기 실력자가 될 수는 없다. 매일 업무와 관련된 기사를 읽고 요약하자. 거기에 당신의 생각을 덧붙여보자. 3개월이면 이야기할 거리가 생긴다. 6개월이면 당신의 생각을 정리해 말할 수 있다. 1년이면 책도 쓸 만큼 실력이 쌓인다. 필자가 바로 이러했다. 필자보다 뛰어난 사람이라면 훨씬 짧은 시간에 전문가가 될 수 있을 것이다.

둘째, 목표를 매일 쓰라.

1979년 하버드 MBA 졸업생을 대상으로 연구를 했다. 주제는 '목표'에 관한 것이었다. 졸업생의 84%는 인생의 목표가 없었다. 13%는 목표를 세우되 따로 써두지는 않았다. 오직 3%만이 자신의 목표와 달성 계획을 적어두었다. 이들을 10년간 추적 관찰한 결과, 뚜렷한 목표를 가진 3%는 나머지 97%보다 평균 10배의 수입을 올리는 것으로 조사되었다.

동기부여 강의에서 이미 들어본 이야기일 것이다. 삶과 직장생활의 구체적인 목표를 설정하고, 실행가능한 계획을 세워 실천에 옮기라는 것이다. 목표를 한 번 써두는 것에 멈추지 않고 매일 쓰면 더 강력한 동기부여가 된다. 모두가 다 아는 이야기지만 실천하는 사람은 많지 않다. 필자는 10년을 실천해오고 있다. 돌이켜보면 그동안 스스로도 놀랄 성취들이 있었다. 주재원 경험이 그랬다. 주재원으로 나가고 싶다는 목표를 플래너에 적었다. 당시 필자는 국내 업무를 담당하는 팀에 있었다. 그럼에도 해외 업무 부서로 이동하고, 주재원을 다녀오게 되었다.

작가의 꿈도 그렇다. 한 해를 시작하면서 출간을 목표로 정하고 '올해는 책을 발간한다'를 매일 3번씩 수첩에 적었다. 출간하기로 약속한 출판사가 없어도 매일 목표를 썼다. 거짓말처럼 좋은 출판사를 만나 출간 계약을 했다. 목표 쓰기의 힘을 실제로 경험하고 있다.

필자의 경우 장기, 중기, 단기 목표를 정해서 매일 3번씩 쓴다. 글에는 힘이 있다. 쓰기에는 강력한 끌어당김 효과가 있다. 마음속으로만 목표를 생각하지 말고 매일 쓰기를 통해 세상으로 끌어내자. 눈으로 보면서 목표가 이루어지도록 강력히 염원하는 것이다.

목표를 정하고 매일 쓰기를 하면 또 다른 장점이 있다. 위로를 받는다. 직장생활에는 힘들고 외로운 순간이 원치 않아도 찾아온다. 목표를 매일 적으면서 위안과 위로를 받을 수 있다. 작은 고난에 흔들리지 않게 된다. 일희일비하지 않게 된다.

셋째, 매일 감사를 쓰자.

미국의 작가 팀 페리스(Tim Ferriss)는 자기 분야에서 세계적인 반열에 오른 사람 200여 명을 만나 인터뷰했다. 그들을 '타이탄'이라 명명하고 공통점을 분석해 《타이탄의 도구들》을 썼다. 그가 만난 인생의 거인(titan)들은 아침을 열어가는 루틴이 있었다. 잠자리 정리하기, 명상하기, 한 동작을 5~10회 반복하기, 차 마시기, 아침 일기 쓰기가 그것이다. 그중 아침 일기에서는 매일 감사하게 여기는 것을 3가지 쓰도록 조언하고 있다.

필자도 매일 감사 일기를 쓴다. 대단한 감사를 적는 것이 아니다. 그저 일상에서 느끼는 소소한 감사의 마음을 써내려간다. 아내, 아이들, 친구, 동료, 건강, 경험, 기회, 만남, 지식, 작은 성공 경험 등 그저 그런 내용을 적는다. 이것만으로 아침의 짧은 명상이 된다. 흔히 이야기하는 '소확행'을 감사 일기를 쓰면서 느낄 수 있다.

주재원 시절 필자의 팀에 심각한 문제가 발생했다. 팀원 두 명의 갈등이 전체로 번져 조직이 만신창이가 되었다. 팀 내부의 불편한 진실이 표면에 드러났다. 리더로서 상황을 지켜보는 것이 괴로웠다. 딴에는 최선을 다했는데 팀이 망가지는 모습을 보며 상실감, 무력감을 느꼈다. 극한의 스트레스에 몸이 반응했다. 사무실에 앉아 있는데 이유 없이 심장이 두근거렸다. 문서를 작성하는데 손이 덜덜 떨렸다. 증세는 점점 심해졌다. 주말에는 멀쩡했다가, 일요일 저녁에 다음 날 출근할 생각을 하면 증세가 나타났다. 나중에야 알았다. 일종의 공황 증상이었다. 해외에 있었기에 마음에 찾아온 감기를 치료하기가 여의치 않았다. 스스로 치유해야 했다.

이때 필자의 마음을 다잡아준 것이 목표 쓰기와 감사 일기였다. 매일 감사할 거리를 찾으면서 위로를 받았다. 어려운 상황에도 감사할 거리가 있다는 것에 피식 웃음이 나기도 했다. 가슴 한켠에서 몽글몽글 따뜻함이 피어오르는 날도 있었다. 마음에 찾아온 감기는 더 이상 심해지지 않았다. 아침에 1분이면 할 수 있는 것이 감사 일기 쓰기다. 아침에 1분짜리 마음의 백신을 맞아두면 하루를 건강하게 보낼 수 있다.

매일 3~4줄이라도 좋다. 1년이면 1000줄을 쓸 수 있다. 매일 아침 출근해서 두드린 글들이 모여 당신의 실력이 된다. 필자도 20년 동안 직장에서 매일 글쓰기를 했다. 그 덕분에 오늘 이 글을 쓸 수 있는 능력을 갖추게 되었다. 매일 펜을 들어야 하는 이유다. 당신의 머릿속 생각을 노트에 적어두자. 떠오르는 아이디어를 키보드로 두드리자. 글로 남겨두자.

꾸준하게 오늘을 채워야 가치 있는 내일이 온다. 매일 걸어야 건강하다. 매일 써야 당신의 글쓰기가 건강해질 수 있다. 당신은 매일 무엇을 쓸 것인가?

직장인 글쓰기,
피할 수 없다면 즐기자

> "상사가 수정해도 버티고, 그 과정을 극복하는 직원은 성장한다.
> 조금만 보고서를 손대면 입이 툭 뛰어나오는 직원에게는
> 진정 어린 조언을 해주기 어렵다.
> 상사의 조언을 멀리하면 성장이 없다."
>
> — 협력사 인사실 상무

김 부장은 오후 4시에 팀 회의를 소집했다. 다음 달 진행하는 경영환경 설명회 준비상황에 대해 논의했다. 김 부장은 회의 후 '행사기획안, 경영환경 분석 자료, 경영진 스피치 작성'을 지시했다. 오늘도 야근각이다. 팀원들은 싫어도 글쓰기를 시작해야 한다.

직장인이 영어를 못하면 국내 관련 업무를 하면 된다. 숫자에 약하면 숫자가 중요하지 않은 부서에 지원하면 된다. 대인관계가 약하다면 대외 업무가 적은 일을 하면 된다. 글쓰기는 다르

다. 직장생활을 하는 한 피할 수 없는 것이 글쓰기다. 직장인에게 글쓰기는 숙명이다.

글쓰기가 싫으면 직장생활이 힘들어진다. 출근 자체가 고역이 된다. 따라서 싫더라도 직장인은 글쓰기에 익숙해져야 한다. 피할 수 없는 글쓰기, 이제는 즐겨보자. 즐겁게 한다면 금상첨화다. 글쓰기를 즐겁게 하면 직장에서의 성공이 따라온다.

쓰는 내가 즐겨야 읽는 상사도 즐겁다

즐겁게 써야 재미있는 아이디어가 나온다. 창조성은 재미에서 나온다고 한다. 억지로 숙제하듯 쓰는 글은 당신을 만족시키지 못한다. 상사를 만족시킬 수 없음은 물론이다. 억지로 쓰는데도 매번 상사가 감동한다면 이 책을 읽고 있을 게 아니라 당신이 글쓰기 책을 써야 한다.

물론 직장인 글쓰기가 처음부터 재미있는 것이라면 돈을 내고 회사를 다녀야 한다. 재미없으니까 회사에서 월급을 받는 거라고 말하기도 한다. 하지만 역설적으로 생각해보자. 회사에서 일도 재미있고 보상도 받는다면 이보다 좋을 수 없을 것이다. 허황된 말이 아니라 실제로 그런 직장인들이 있다. 성공한 직장인들은 자기 일에서 즐거움을 찾는 경우가 많다. 직장인 업무의 상당 부분을 차지하는 글쓰기를 즐겁게 한다면 직장생활이 달라질 것이다. 여기 직장인의 글쓰기를 즐겁게 만드는 4가지 방법을 소개한다.

자신을 위해 쓰자

글로벌 교육을 담당하는 팀이 있다. 코로나19 상황에 주재원 교육이 어려워졌다. 현지에 출장을 가지 못해 오프라인 교육이 불가능해지자 온라인 교육 콘텐츠를 만들자는 아이디어가 나왔다. 하지만 만들겠다고 나서는 사람이 없었다. 온라인 주재원 교육은 부서에서 한 번도 가보지 않은 길이었다. 실패에 대한 두려움이 있었다. 무엇보다도 일 자체가 낯설고 번거로웠다. 교육 콘텐츠 스토리를 짜고, 카드뉴스 형태로 교육자료를 만들고, 주재원들에게 발송하고, 교육 내용에 대한 피드백을 받는 등 공수가 많이 들었다.

이때 한 과장이 자원했다. 한 과장은 평소 카드뉴스 형태의 교육 콘텐츠를 만들어보고 싶었다고 했다. 온라인 교육 콘텐츠 기획이 자신의 경력에도 도움이 될 것 같았다. 그는 열성적으로 기획안을 만들고 교안을 짰다. 카드뉴스 제작을 외주업체에 맡기지 않고 제작 플랫폼을 활용해 직접 만들었다.

다행히 주재원들의 반응도 좋았다. 기존 교육과 다른 새로운 시도에 긍정적인 피드백이 돌아왔다. 한 과장이 즐겁게 만드니 독자인 주재원들도 재미있게 본 것이다. 한 과장은 사내에서 온라인 교육 전문가라는 타이틀을 달게 되었다. 카드뉴스 제작이라는 역량도 개발하게 되었다. 회사는 교육비용까지 절감한 한 과장을 높이 평가했다. 좋은 성과평가가 이어진 것은 당연하다. 이직하게 되더라도 인터뷰에서 이야기할 만한 의미 있는 경험을 하게 되었다.

내 일이 아니고 회사 일이라고만 생각하면 재미가 없다. 지금 하는 일이 자신의 개인 브랜드를 높이는 데 일조한다고 생각해 보자. 일이 의미 있어진다. 재미있어진다.

작은 보상을 주자

유대교에는 어린이가 유대교 경전인 〈토라〉를 처음 접한 날에 글자에 바른 꿀을 핥아먹는 전통이 있다. 배움을 싫어하지 않고 달콤하게 여기기를 바라는 마음에서다. 글쓰기가 항상 즐거울 수는 없다. 그러나 글쓰기 뒤에 달콤한 보상이 기다린다면? 글쓰기에 대한 몰입이 달라질 것이다. 글쓰기의 지루함을 이겨낼 수 있다. 글쓰기의 지루함을 몇 차례 이겨내다 보면 즐겁게 쓰는 순간이 찾아온다.

헬스를 생각해보자. 운동하는 도중에는 죽을 것 같은 고통을 느낀다. 숨이 턱까지 차오른다. 근육은 아프다고 아우성을 친다. 심장 박동은 빨라지고, 숨을 헐떡거린다. '이러다 쓰러지는 것 아냐?' 하고 겁을 먹기도 한다. 1시간 운동이 끝난다. 샤워를 한 다음 몸무게를 재고, 변해가는 자신의 몸을 거울로 보면서 모든 고통을 보상받는다. 이 보상 때문에 다음 날도 1시간 운동을 하게 된다. 지겨웠던 운동을 먼저 찾아서 하는 자신을 발견하게 된다. 보상 덕분이다.

글쓰기도 마찬가지다. 물론 매달 당신에게 주어지는 월급이 가장 기본적인 보상이 될 수도 있다. 간단한 글쓰기라면 글을 다 쓴 다음 자신에게 커피 한 잔 사는 것도 좋은 방법이다. 조금 힘들었던 글쓰기라면 평소 사고 싶었던 소품을 사서 스스로 격려하는 것도 재미가 있다.

필자는 글쓰기를 시작하기 전에 수첩에 글쓰기 과제를 적고 체크 표시를 할 수 있는 네모칸을 그려둔다. 글쓰기가 끝나면 즐거운 마음으로 네모칸에 V자 체크 표시를 한다. 간단한 체크만으로도 글쓰기에 대한 보상이 된다. 글쓰기에 나만의 보상 루틴을 만들어보자. 보상을 통해 재미를 만들어가는 자신을 발견할 수 있을 것이다.

선빵 필승이다

속된 표현이지만 상사에게 '선빵'을 날리는 것이다. 상사가 시키기 전에 내가 먼저 쓰는 것이다. 남이 시켜서 하는 일은 재미가 없다. 하지만 스스로 생각해내서 자발적으로 쓰는 글은 재미가 있다. 글을 쓰면서 상사와 동료들을 놀라게 할 생각에 두근거리기도 한다.

송 과장은 중국 2월의 춘절, 3월의 양회(兩會, 중국 최대 정치 이벤트인 '전국인민정치협상회의'와 '전국인민대표대회'를 가리킨다)에 대비한 중국법인 관리 방안에 대해 글을 썼다. 누가 시켜서 쓴 것이 아니다. 중국 동향을 모니터하면서 필요성을 느껴 알아서 쓰기 시작했다. 글을 쓰는 동안은 시간 가는 줄도 몰랐다고 한다. 동료와 상사를 놀라게 할 생각을 하면 즐거웠다고 한다. 그의 글은 필자를 놀라게 했다. 예상치 못한 테마의 글이었다. 그의 글은 그룹사까지 전파돼 글로벌 리스크를 대비하는 데 기여했다. 기억하자. 직장인의 글쓰기는 선빵 필승이다.

글쓰기를 만나는 순간에는 싫어도 웃자

'억지웃음'도 효과가 있다고 한다. 우리 뇌는 생각보다 단순해서 가짜와 진짜 웃음을 구별하지 못한다. 억지로 웃든 진짜로 웃든 뇌는 상관하지 않는다. 억지로 웃어도 진짜 웃음의 90% 정도 효과가 있다고 한다.

팀장이 업무 지시를 내리고 있다. 실무자는 오만상을 찌푸린다. 물론 이해는 한다. 지금 하는 일도 많은데 팀장이 또 일을 주는 것이다. 팀장은 표정만 봐도 안다. 실무자가 어떤 마음으로 업무 지시를 받는지 본능적으로 느낀다. 실무자의 반응이 떨떠름하면 지시하는 팀장도 맥이 풀린다. 설명이 제대로 이어질 리 없다. 그렇다고 이미 시작한 업무 지시를 무를 수도 없다. 대충 일을 시키고 보고서를 기다린다. 실무자도 재미를 느끼지 못하면서 억지로 작성할 것이다. 이러한 만남이 좋은 결실을 맺기는 어렵다.

일단은 웃자. 웃는 얼굴에 침 뱉는 사람은 없다. 웃는 표정으로 상사의 지시를 들어보는 것이다. 팀장도 당신에게 일을 맡기면서 여러 가지 생각이 많다. 당신이 적임자인지, 역량은 있는지, 이렇게 일을 지시하는 게 맞는지를 생각한다. 당신의 표정이 계속 밝으면 팀장은 일단 긴장이 풀린다. 당신이 웃는 얼굴로 업무 지시를 받으면 팀장도 성의껏 설명하게 된다. 팀장의 마음속 니즈까지 솔직하게 오픈하게 된다.

이렇게 서로 충분히 이야기를 나누면 글쓰기가 한결 편해진다. 웃는 얼굴로 업무 지시를 받은 당신의 뇌는 즐겁게 글쓰기

준비를 한다. 즐겁게 쓴 글을 받아본 상사의 마음도 한층 너그러워진다. 사소한 실수가 있어도 큰 문제가 아니다. 팀장이 수정하면 된다. 즐거운 분위기에서 쓴 글이 상사를 너그럽게 만든다.

물론 바보처럼 예스맨이 되라는 것은 아니다. 자신이 현재 하는 일을 점검해 도저히 할 수 없다면 조정이 가능한지 팀장과 상의하는 것이 맞다. 그래도 밝은 표정으로 이야기하는 것과 죽도록 싫다는 표정으로 이야기하는 것은 차이가 있다.

공자는 '아는 사람은 좋아하는 사람을 이길 수 없고, 좋아하는 사람은 즐기는 사람을 이길 수 없다(知之者不如好之者, 好之者不如樂之者)'고 했다. 글쓰기에서도 마찬가지다. 즐기면서 쓴 글과 억지로 꾸역꾸역 써온 글은 차이가 눈에 보인다. 직장을 선택한 것은 당신이다. 이제 직장인의 글쓰기에서 즐거움을 선택할 차례다.

직장인의 글쓰기는

동사다

"자신이 일하는 부문만 아는 직원들이 많다.
회사에는 근간이 되는 제품과 서비스가 있다.
제품과 서비스에 대해 알아야 한다.
제품의 생산 프로세스에 대해 알아야 한다.
서비스 프로세스에 대한 이해가 있어야 한다.
그래야 제대로 된 보고서가 나온다."
— 생산부문 전무

생산기술팀의 안 과장은 자동차 생산공정에 최신 기술을 적용하는 기획안을 작성했다. 기획대로라면 생산라인의 일부 공정을 줄이게 돼 비용 절감효과를 기대할 수 있다. 연간 절감효과 100억 원에 이르는 전도유망한 기획안이었다. 상사들의 칭찬을 받았다. 동료들의 성원이 이어졌다.

문제는 안 과장의 기획안이 현장을 염두에 두지 않고 만들어졌다는 것이었다. 현장에 적용하려 하자 문제점이 하나둘이 아니었다. 신기술을 다룰 고급인력을 어떻게 확보할지 고려되지 않은 채 추진되었다. 신기술 적용에 필요한 원자재 공급도 어려웠다. 생산직 기술교육도 제대로 되지 않았다. 결국 품질이 안정되지 않아 불량품을 양산했다. 신기술 적용에 따른 부작용까지 발생해 기대했던 절감효과보다 손해가 커졌다.

당신의 글쓰기가 회사를 위태롭게 한다면?

2020년 2월 20일, 기아차 쏘렌토의 신형 모델이 사전계약을 실시했다. 2일 만에 1만 8880대의 사전계약이 몰렸다. 완성차업계의 관심이 집중되었다. 이때 국토부에서 공문이 내려왔다. 신형 쏘렌토 하이브리드는 연비 미달로 하이브리드 세제 혜택을 적용받지 못한다는 내용이었다.

1600cc 엔진 차량은 리터당 연비 14.1km/h이면 하이브리드 세제 혜택이 주어지지만, 1598cc 엔진인 쏘렌토 하이브리드는 리터당 연비 15.8km/h가 되어야 관련 혜택을 받을 수 있다. 쏘렌토 하이브리드가 획득한 공인연비는 리터당 15.3km/h였다.

하이브리드 세제 혜택이 사라지면 고객들은 애초 알던 가격보다 개소세, 교육세, 부가세 등 총 143만 원을 더 내야 한다. 하이브리드 차량에 지원되는 등록세 할인, 공영주차장 50% 할인, 남산터널 진입 시 환경부담금 면제 혜택도 사라진다. 결국 신형 쏘렌토 하이브리드는 출시를 연기할 수밖에 없었다. 기아는 사전 계약자에게 233만 원의 보상을 진행했다. 보상금으로 나간 돈이 총 337억 원이었다. 신차 효과를 누리지 못해 손해는 눈덩이처럼 불어났다.

여기에도 직장인의 글쓰기가 있었다. 제품 출시 단계에서 관련 법규 적용을 충분히 검토하지 못한 글쓰기가 회사의 막대한 손실로 이어진 것이다.

실행을 고려한 글쓰기를 하라

일하면서 많은 후배 기획자를 만났다. 그중 기획이 좀처럼 실행으로 이어지지 않는 이들이 있다. 크게 두 유형이다.

하나는 현장에서 실제 적용하는 상황을 고려하지 않는 기획자들이다. 현장을 깊이 이해하지 못한 채 그저 일반적인 수준의 결론과 해결책을 낸다. 이를테면 '현장관리자 역량 강화', '임직원 간 소통 강화'같이 어디에나 적용 가능한 해결책을 제시한다. 그럴듯해 보이지만 현장에서는 실효성이 없다. 가치 있는 기획안이 되지 못한다. 기획자들끼리 우스갯소리로 이런 기획안은 다른 회사, 다른 보고서에 넣어도 되는 만병통치 글쓰기라고 말한다.

또 다른 유형으로 해결책 제시하는 것 자체를 부담스러워하는 기획자들이 있다. 왜 그럴까? 기획안을 쓰고도 자신이 없어서 그렇다. 자신이 없으면 상사를 설득할 수 없다. 기획자가 스스로를 믿지 못하기 때문이다. 현장에 어떻게 적용할지 설명하면서 기획자가 쭈뼛거린다. 현장에서 실행을 위해 움직여야 할 관리자들이 그런 설명을 듣고 마음으로 공감하고 움직일까? 불가능하다.

직장인의 글쓰기는 일반 작가의 글쓰기와 다르다. 직장인의 글쓰기는 실행을 전제로 한다. 실행을 통해 결과물을 만들어낸다. 단순한 안내문이나 일상적인 업무 메일조차 실행과 결과가 동반된다.

당신이 채용 기획안을 썼다고 생각해보자. 당신이 쓴 글에 따라 회사의 채용 방향 및 프로세스가 결정된다. 채용팀은 기획안에 따라 채용을 추진한다. 당신이 쓴 글의 결과대로 사원들이 입사하게 된다. 애초에 채용에 관한 기획안이 잘못되었다면 좋은 인재를 확보하지 못하게 된다. 이는 조직과 기업의 성과에 악영향을 미친다. 글쓰기에서 항상 마지막까지 염두에 둘 것은 '실행'이다.

현장을 경험하는 것이 최고의 방법이다

실행으로 이어지지 않는 보고서에는 공통점이 있다. '현장'을 잘 모른다는 것이다. 현장을 잘 모르거나 경험하지 않은 직장인의 글은 실행으로 이어지지 않는다. 이런 기획자들에게 주고 싶은 최고의 해결책은 현장을 경험하라는 것뿐이다.

우문현답(愚問賢答)이라는 말이 있다. 사전적 정의는 '어리석은 질문에 현명한 답을 한다'는 것이지만, 많은 이들이 '우리의 문제는 현장에 답이 있다'라고 풀기도 한다. 현장의 중요성을 강조하는 말이다. 주재원으로 근무할 때 현장 직원들로부터 너무 덥다는 고충이 올라왔다. 현지인 매니저와 상의해 '산업용 선풍기 추가 구입'으로 결론을 내리려고 했다. 그러다 일단 현장을 보자는 생각으로 현장으로 달려갔다. 확인해보니 에어컨이 있지만 가동 기준 온도가 너무 높게 설정돼 있었다. 시설팀과 법인장을 설득해 기준을 조정했다. 현장을 찾은 덕분에 쉬운 해결책을 찾을 수 있었다.

뛰어난 기획자는 '우문현답'을 금과옥조로 여긴다. 직장인은 글을 쓸 때 현장을 이해하려고 노력해야 한다. 직장인 글쓰기의 결론은 항상 현장을 염두에 둔 결론이어야 한다.

기획력이 뛰어난 후배가 한 명 있었다. 어느 날, 해외 생산법인에 주재원으로 나간다고 했다. 주재원으로 나가기에는 경력상 애매한 시점이었는데 그래도 결정했다고 했다. 현장을 경험해보기 위해서라고 했다. 현장 경험 없이 책상에서만 글을 쓰니 현장 사람들이 인정해주지 않는다는 것이다. 기획안 프레젠테이션을 할 때 현장에 대한 이야기에서 흐름이 막힌다는 것이었다. 후배는 현장을 경험하는 것이 얼마나 중요한지 처절하게 느낀 것이다. 4년 뒤 후배의 변화가 기대된다.

신입사원이 오면 의도적으로 현장을 경험시키는 본부가 있다. 사원 시절 본사에서 일하지 않고 현장으로 내려보낸다. 사원 시절을 현장에서 뒹굴고 부대끼면서 배우도록 하는 것이다. 3~4년을 현장에서 일하다 보면 현장이 눈에 잡힌다. 자신의 글쓰기가 현장에 어떻게 적용될지 자연스럽게 떠오른다. 글쓰기가 쉬워진다. 입체적인 글이 된다.

부동산에 '임장(臨場)'이라는 용어가 있다. '현장에 임한다'는 뜻이다. 부동산 전문가들은 부동산 투자를 하고 싶으면 임장을 하라고 한다. 현장을 가보라고 추천한다. 현장에 가서 마트와의 거리, 학교 위치, 편의시설, 교통환경, 주변 시세 등을 실제 거주자 입장에서 체험하고 공부하라는 것이다. 해당 지역의 부동산에 방문해서 공인중개사의 이야기를 듣기도 한다. 그래야 현명한 부동산 투자의 답이 나온다. 후배 한 명은 가진 돈이 별로 없었다. 적은 예산으로 집을 사기 위해 주말이면 이사하고 싶은 지역 일대에 임장을 나갔다. 그 기간이 무려 1년이다. 마침내 가진 예산에서 최적의 장소를 찾아 투자했다. 성공한 투자에 지금도 흐뭇해하고 있다.

그러니 현장에 가보자. 물론 모두가 현장 근무를 경험할 수는 없다. 기획이나 지원부서에서만 일하게 될 수도 있다. 현장에서 근무할 기회가 없다면 현장 방문이라도 해야 한다. 코로나 상황 등의 이유로 현장에 가기가 쉽지 않다고 지레 포기하지 말자. 코로나 때문에 현장을 방문하기가 부담스러워도 다른 방법은 얼마든지 있다. 눈으로 확인하기 어려우면 귀로 들으면 된다. 현장에 어떠한 니즈가 있는지, 무엇이 문제인지를 직접 듣는 것이다.

필자의 경우 매년 해외법인 진단을 한다. 자료만 보지 않는다. 반드시 30여 명 현장 직원들의 이야기를 들어본다. 듣다 보면 자료에 드러나지 않는 문제점과 이슈들을 알게 된다. 현장의 목소리를 바탕으로 한 진단결과는 살아 있는 글쓰기로 이어진다. 현지 직원들도 진단결과를 자연스럽게 받아들인다. 자신들의 목소리가 담겨 있기 때문이다. 자신들의 고충을 해소할 수 있는 최선의 조언임을 알기에 진단결과를 수용한다.

직장인의 글쓰기는 동사다

직장인의 글쓰기는 명사가 아니다. 무엇인가를 정의하는 데에서 그치지 않는다. 명사형 글쓰기는 책상에서 해도 된다. 그러나 직장인의 글쓰기는 실행을 끌어내야 한다. 그런 의미에서 직장인의 글쓰기는 동사다. 동사형 글쓰기를 위해서는 현장으로 달려가야 한다. 현장의 목소리를 들어야 한다. 가슴 뛰는 글쓰기를 하고 싶다면 책상에서 일어나자.

노트를 써라

_ 레오나르도 다빈치

"작은 수첩을 항상 갖고 다니면서 묘사하라.
수첩은 착색된 재질이 좋다. 그래야 마찰에도 지워지지 않는다.
또한 다 쓰면 새 종이로 교체할 수 있는 것이 좋다.
스케치는 지워지지 않게 소중히 간직해야 하기 때문이다.
인물의 형태나 동작은 무한하지만 모든 것을 기억할 수 없으니
메모와 스케치를 본보기가 되는 스승으로서 소중히 보존하자."
— 레오나르도 다빈치, '코덱스 애시번햄'

모차르트, 베토벤, 쇼팽, 뉴턴, 아인슈타인, 갈릴레오 갈릴레이, 레오나르도 다빈치, 파스칼… 인류의 역사를 빛낸 위대한 천재들이다. 이 중에서 위대한 천재를 단 한 명만 꼽으라면 필자는 레오나르도 다빈치(Leonardo da Vinci)를 꼽고 싶다. 대부분 자기 분야에 한정된 천재였지만, 레오나르도 다빈치는 미술, 음악, 의학, 해부학, 천문학, 건축학 등 다방면에서 위대한 업적을 이루었다.

천재적 이미지가 강하지만 그의 인생을 가까이 들여다보면 우리와 같은 평범한 인간이었다. 어쩌면 평범한 사람보다 더 많은 실패와 좌절을 겪었을지도 모른다. 레오나르도 다빈치는 사생아였다. 제대로 된 고등교육을 받지 못했다. 동성애 혐의로 체포돼 수난을 겪기도 했다. 다빈치는 수많은 실패에 좌절하고 넘어졌다. 다른 사람의 재능을 시기하고 질투했던 그는 평범한 인간이었다.

그가 1519년 세상을 떠난 뒤 500여 년의 세월이 지났지만, 아직도 레오나르도 다빈치는 우리 삶에 깊은 영향을 미치고 있다. 1994년 빌 게이츠는 레오나르도 다빈치의 노트를 3000만 달러에 구입해 소장하고 있다. 스티브 잡스는 레오나르도 다빈치를 자신의 영웅이라 칭송했다. 수세기를 앞서간 레오나르도 다빈치의 천재성은 어디에서 나온 것일까.

《레오나르도 다빈치》를 쓴 월터 아이작슨은 "레오나르도의 천재성은 초능력이 아니라 노력의 산물에 가까웠다"고 말한다. 집요하리만치 꾸준했던 글쓰기가 그를 천재로, 위대한 발명가로 만들었다는 것이다. 그가 남긴 노트는 이 시대를 살아가는 직장인에게 메시지를 던진다. 매일 직장에서 글을 써야 하는 우리에게 레오나르도 다빈치의 노트는 울림을 준다. 직장인의 글쓰기에 선배로서 조언을 던진다.

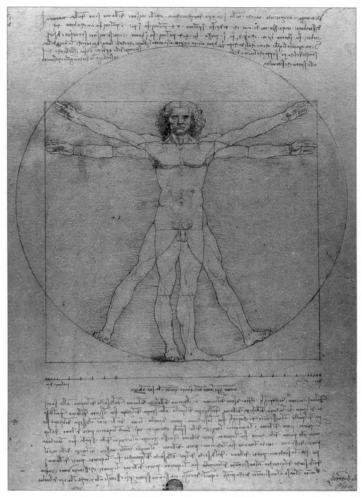

레오나르도 다빈치가 노트에 펜으로 그린 〈비트루비우스적 인간〉(1490)

당신만의 노트를 가져라

당신은 보고서를 준비하는 중이다. 보고서에 들어갈 번뜩이는 아이디어가 떠올랐다. 괜찮은 해결책인 것 같았다. '이따 쓸 때 반영해야겠다'고 생각하고 잠시 다른 일을 했다. 그런데 막상 보고서 작업을 시작하니 그 아이디어가 다시 기억나지 않았다. 너무 좋은 해결책이었는데 아무리 머리를 쥐어짜도 생각나지 않는다.

아이디어는 휘발성이 강하다. 잠시만 다른 생각을 하면 도망간다. 사람은 들은 것의 90%를 1시간 안에 잊어버린다고 한다. 노트에 메모하는 습관이 있다면 우리도 천재처럼 일할 수 있다. 직장인에게 노트가 필요한 이유다.

레오나르도 다빈치는 항상 노트를 들고 다니며 사용했다. 노트에 기록하는 습관을 들인 후 일상의 모든 것을 글로 적었다. 연구, 아이디어, 그림, 천문학, 시체 해부 결과, 떠오른 생각들을 끊임없이 써내려갔다. 모든 생각을 글로 남기고, 남긴 글을 바탕으로 아이디어를 구상했다. 그가 작성한 노트는 3만 장에 이른다고 한다.* 그중 현재까지 남아 있는 분량만 해도 8000여 장에 이른다. 빌 게이츠가 경매로 산 '코덱스 레스터', 나폴레옹이

---

* 이주은, "[이주은의 미술관에 갔어요] 사자 로봇 · 박쥐 비행기… 상상 가득한 다빈치의 노트", 조선일보, 2017/3/18.

이탈리아 밀라노에서 파리로 가져간 '파리 매뉴스크립트', 다빈치 노트 중 최대 분량이라고 알려진 '코덱스 아틀란티쿠스' 등이 있다.

우리도 직장인의 노트 쓰기를 하자. 마음에 드는 노트를 골라보자. 회사 수첩도 좋고, 스마트폰 전자메모를 사용해도 좋다. 에버노트, 원노트 같은 클라우드 기반의 전자노트도 유용하다. 필자는 최근에 직접 만든 'Sun Kim표 플래너'와 원노트를 병행해 사용하고 있다. 특히 글쓰기에는 원노트를 적극 활용한다.

노트를 골랐다면 메모하는 습관을 들이자. 말처럼 쉽지 않다는 것을 필자도 안다. 바로 메모하는 습관을 만들기 어렵다면 당신의 모든 정보와 생각을 노트에 모으는 것부터 시작해보자. 당신의 미래계획, 주요 개인정보, 생각, 회사 업무 정보, 아이디어, 하루 계획, 회의 결과, 기억해야 할 일정, 지시사항을 하나의 노트에 모으는 것이다. 모으다 보면 자연스레 분류할 필요성을 느낀다. 모인 정보를 분류할 수 있도록 노트에 구획을 만들어 사용하기 시작하면 레오나르도 다빈치의 노트 쓰기를 따라가는 것이다.

자, 이제 당신에게 새로운 아이디어가 떠올랐다. 노트를 펼치면 된다. 아이디어 칸으로 분류된 곳에 메모하면 된다. 직장인에게 노트는 전쟁터의 총과 같다. 노트는 직장이라는 전장에서 반드시 들고 다녀야 하는 무기다. 상사의 지시사항을 받을 때에도, 회의에 참석할 때에도, 다른 부서에 업무 협의차 방문할 때에도 하나의 노트를 들고 다니는 것이다. 누가 아는가? 당신의 노트에 다빈치만큼이나 위대한 아이디어가 적힐지.

▎계속 쓰는 사람이 이긴다

레오나르도 다빈치의 노트에는 "나는 계속할 것이다"라는 말이 적혀 있다고 한다. 그는 23세부터 40여 년 동안 3만 장의 노트를 썼다. 매일 두 장 이상 써야 하는 분량이다. 해부학, 건축, 그림, 음악, 천문학 등 다양한 분야의 생각, 연구, 아이디어들이 담겨 있다. 자신의 생각이 맞을지 틀릴지 두려워하지 않고 매일 쓴 것이다.

아무리 천재라도 모든 것을 다 기억할 수는 없다. 기록해야 기억할 수 있다. 레오나르도 다빈치는 처음부터 천재가 아니었다. 계속된 글쓰기를 통해 천재가 되었다. 처음부터 일 잘하는 직장인은 없다. 처음부터 완벽하게 글을 잘 쓰는 사람도 없다. 잘 쓰려면 매일 써야 한다. 그래야 글쓰기가 성장할 수 있다. 글쓰기를 통해 당신만의 생각을 남길 수 있다.

협업하는 글쓰기를 하라

레오나르도 다빈치는 동시대의 천재 미켈란젤로와 달리 공동 작업을 선호했다. 역할을 나눠 공동으로 작업하고 제자들에게도 그림을 그리게 했다. 다빈치 노트도 혼자만의 기록이 아니라 제자들도 참여했다. 제자들이 스케치한 그림도 있고 제자들이 쓴 글도 있다. 협업을 통해 위대한 업적과 노트를 남긴 것이다.

직장에서 혼자만의 생각으로 완벽하게 나오는 글은 많지 않다. 개인이 모든 정보를 독점하고 있지 않기 때문이다. 혼자만 생각해서 쓴 글은 품질이 떨어지기 마련이다. 그럴듯해 보여도 실행해보면 문제가 생긴다. 직장에서는 동료와 협업하는 글쓰기가 필요하다. 혼자서 쓰려 하지 말고 동료들의 도움을 받자. 동료들의 목소리를 듣고 글쓰기에 반영하자. 천재라 추앙받는 다빈치도 머리를 숙이고 동료의 도움을 받았다. 동료의 도움을 통해 천재적인 업적을 남겼다. 동료의 도움 받기를 주저하지 말자.

"교육을 덜 받았다는 이유로 나를 무식하다고 무시하고 비판하는 인간들이 있다. 어리석은 무리다. 확실히 나는 그들처럼 저자들의 글을 인용하지는 못한다. 하지만 또 다른 스승인 '경험'에 훨씬 뛰어난 가치가 있다. 그들은 자신이 아닌 타인이 애

써 얻은 지식을 이용할 뿐이다. 그런데도 실제로 경험을 통해
창작하는 나를 경멸한다면 그들이야말로 비난받아 마땅하다."
— 레오나르도 다빈치, '코덱스 아틀란티쿠스'

다빈치는 교육도 제대로 받지 못했다. 사생아라는 지독한 열
등감을 가지고 있었다. 다른 사람의 재능을 시기하는 어쩌면 평
범 이하의 인간이었다. 그런 다빈치에게는 노트가 있었다. 남들
이 쓰지 않는 노트를 매일 썼다. 다른 사람들과 힘을 합쳐 매일
노트를 채웠다. 꾸준히 써내려간 노트가 다빈치를 위대한 천재
로 만들었다. 이제 직장에서 노트를 펼치자. 당신의 일상, 생각,
정보, 감정, 아이디어를 노트에 써보자.

스토리를 담아라

_ 버락 오바마

"클레멘타 핑크니가 그 은혜를 찾았습니다.
신시아 허드가 그 은혜를 찾았습니다.
수지 잭슨이 그 은혜를 찾았습니다.
에텔 랜스가 그 은혜를 찾았습니다.
디페인 미들턴 닥터가 그 은혜를 찾았습니다.
티완자 샌더스가 그 은혜를 찾았습니다.
대니얼 L. 시몬스가 그 은혜를 찾았습니다.
셰론다 콜먼-싱글턴이 그 은혜를 찾았습니다.
마이라 톰슨이 그 은혜를 찾았습니다.
그들은 자신의 생명으로 우리에게 은총을 선사했습니다.
삶이 다하는 날까지 우리가 이 고귀하고 특별한 선물의
가치를 찾게 되기를. 은총이 그들을 집으로 인도하기를.
하나님이 이 나라에 계속해서 은총을 내려주시기를."
— 버락 오바마, 사우스캐롤라이나 찰스턴교회 총격사건 추모연설

감동이 사람을 움직인다

많은 정치가들이 오늘날 최고의 연설가 중 한 명으로 버락
오바마 전 미국 대통령을 꼽는 데 주저하지 않는다. 그치지 않
는 총기 난사나 테러 같은 국가적 비극 속에서도 오바마는 절
묘한 표현과 진정성 있는 연설로 미국을 하나로 통합했다. 그의

연설을 듣다 보면 나도 모르게 집중하고 있는 자신을 발견하게 된다. 호소력 있는 목소리, 의도된 멈춤, 그만의 에너지가 느껴지는 메시지. 재임기간 중 오바마는 분열된 미국 사회를 단합시키는 데 자신의 연설을 십분 활용했다.

2015년 6월 17일, 미국 사우스캐롤라이나 주 찰스턴교회에 총성이 울렸다. 백인 인종주의자 딜런 루프가 주로 흑인들이 다니는 교회에 들어가 무차별 총격을 가한 것이다. 무고한 흑인 9명이 사망했다.

희생자를 기리는 장례식장에 흥분한 흑인들이 몰려들었고, 흑인 대통령 오바마가 섰다. 오바마는 희생자를 추모하고 유족과 지역사회를 위로했다. 추도사 말미에 그는 말을 잠시 멈췄다. 미국과 전 세계의 이목이 집중된 그 순간, 의도된 침묵이 흘렀다. 이윽고 오마바의 입에서 나지막이 노래가 흘러나왔다. 〈어메이징 그레이스〉라는 노래다. 장례식장에 참석한 모두가 감동하여 노래를 따라 불렀다. 그는 희생자의 이름을 하나하나

오바마 전 대통령의
"Amazing Grace"

부르면서 미국의 분열을 막고자 하는 희망을 피력했다.

〈어메이징 그레이스〉를 작사한 존 뉴턴은 흑인 노예상이었다. 이를 깊이 후회하고 신의 은총에 감사하는 마음을 노래에 담았다. 백 마디 말보다 노래 한 곡이 강력한 메시지를 보여준다는 사실을 오바마는 자신의 연설로 보여주었다.

오바마는 글쓰기에 감동을 담아냈다. 오바마는 논리적인 문구보다는 감동의 메시지가 청중을 움직인다는 것을 알고 있었다.

▌스토리가 감동을 준다

오바마의 연설의 힘은 평상시 그의 글쓰기 습관에서 나온다. 대통령 재직 시 연설문 초안을 본인이 직접 정리한 것으로도 유명하다. 오바마는 글쓰기의 귀재다. 그의 글쓰기에서 우리 직장인들이 얻을 수 있는 메시지를 함께 살펴보자.

첫째, 오바마는 스토리를 담는 글쓰기를 한다.

그에게는 흑인으로 살면서 상처받았던 스토리가 있다. 그는 논리가 아닌 감성이 담긴 스토리를 선택했다. 미국인들이 오바마 대통령의 연설에 열광하고 감동한 이유다.

2008년 11월 4일 대통령 당선 수락연설에서 그는 애틀랜타

주의 106세 여성 유권자 앤 닉슨 쿠퍼의 스토리를 언급했다.

"오늘 밤, 특히 제 마음속 깊이 새겨진 이야기는 애틀랜타에서 투표한 한 여성의 이야기입니다. '앤 닉슨 쿠퍼'라는 여성으로 106세 할머니죠. 그녀의 조상은 노예였습니다. 그녀가 태어났을 때, 그녀는 두 가지 이유로 투표를 할 수 없었습니다. 첫째는 그녀가 여성이기 때문이었고, 둘째는 그녀가 백인이 아니기 때문이었습니다. 여러 사람의 목소리가 묵살되고, 그녀들의 희망이 무너지던 시기가 있었습니다. 쿠퍼 씨는 살아서 여성들이 일어나 큰 목소리로 외치고, 투표용지를 향해 손을 뻗는 것을 보았습니다. 우리는 할 수 있습니다!"

둘째, 쓰고 또 쓴다.

오바마는 대학 시절부터 메모장을 들고 다니면서 매일 일어나는 일들을 일기처럼 적었다. 이러한 습관은 오바마가 베스트셀러 작가, 뛰어난 연설가, 나아가 대통령이 되는 초석이 되었다.

그는 2012년 〈타임〉지 인터뷰에서 "지금도 노트에 뭔가를 기록하고 일기를 씁니다. 제 인생에서 글쓰기란 내가 믿는 것, 내가 보는 것, 그리고 내가 가치 있다고 여기는 것들을 보다 명확하게 하는 훈련입니다. 어지럽게 뒤엉킨 생각의 실타래를 조리 있는 문장으로 풀어내는 과정에서 스스로에게 더 어려운 질문을 던질 수도 있습니다"라고 했다.

그는 매일의 고민과 새로운 지식을 글쓰기로 정리해나간다. 집무실이든 출장 중이든 상관없이 떠오르는 단어와 생각을 메모한다. 생각들이 모이면 노트에 연설문 초안을 쓴다. 이렇게 쓰고 또 써내려간 글쓰기 습관이 그를 뛰어난 연설가로 만들었다.

셋째, 단순하고 명료하게 핵심을 이야기한다.

하버드 로스쿨에 진학한 청년 오바마는 법률 학술지 〈하버드 로 리뷰〉의 편집장으로 활동했다. 이 시기에 그는 단순하고 명료하게 핵심을 밝히는 훈련을 했다고 한다. 오바마의 연설에는 설득력이 있다. 단순하고 명료하게 핵심을 말하기 때문이다. 군더더기 없는 글쓰기는 청중을 그의 연설에 빠져들게 한다.

오바마는 매일 쓰는 글, 스토리가 있는 글을 통해 세계 최강국, 미국의 대통령이라는 꿈을 이루었다. 재임 중에도 글쓰기를 통해 성공적으로 대통령직을 수행할 수 있었다. 당신은 오늘 글쓰기를 통해 무엇을 이루기 바라는가?

쓰기는 읽기에서 나온다

_ 김병완

"나는 죽도 밥도 아닌 어정쩡한 인생을 40년 살았다."
— 김병완, 자기계발 작가

11년 차 직장인이 있다. 잘나가는 삼성에서 10년 넘게 직장인 글쓰기를 했다. 그는 회사를 그만두고 '1000일 독서'를 결심했다. 신화에서는 곰이 100일 동안 쑥과 마늘을 먹고 사람이 된다. 그는 1000일 동안 도서관에서 책을 먹고 완전히 다른 사람이 되었다. 이후 10년 동안 끊임없이 글을 쓰고 있다. 평생 한 권도 쓰기 힘들다는 책을 100여 권 출간했다. 글쓰기의 작은 거인 김병완칼리지의 김병완 작가 이야기다.

필자는 얼마 전 20년 근속패를 받았다. 고백하건대 직장생활

20년쯤이면 무언가 달라질 줄 알았다. 삶이 저절로 안정되는 줄 알았다. 스스로 통제하는 삶을 살 수 있을 거라 생각했다. 20년이 되어도 일상은 같았다. 새벽 출근, 늦은 퇴근, 피곤을 달래는 주말, 오히려 방향을 잃어버린 느낌이었다. 공허함이 가득한 일상이었다.

변화가 간절했다. 책에서 길을 찾아보기로 했다. 여름휴가에 나만의 '사가독서(賜暇讀書, 집현전 학자들이 책을 읽도록 독려한 세종의 특별휴가 제도)'를 해보리라 마음먹고 2주 동안 도서관에서 살았다. 도서관에서 우연히 잡은 책이 김병완의 《나는 도서관에서 기적을 만났다》이다. 작가의 인생 스토리에 놀라서 휴가 기간의 절반을 김병완 작가의 책을 읽으며 보냈다. 한 작가의 책을 따라가면서 읽는 것을 '전작주의(全作主意)'라 한다. 필자가 처음으로 전작주의를 경험한 것이 김병완 작가의 책이다.

직장인이 책을 제대로 읽어야 하는 이유

남편이자 아빠가 2주간 가족과 떨어져 시간을 가지는 데에도 용기가 필요했다. 가족의 눈치가 보였다. 매일 도서관으로 가는 뒤통수가 따가웠다. 그런데 김병완 작가는 3년이다. 한창 나이인 40대가 멀쩡한 직장을 그만두고 3년을 책 읽기에 투자한다는 것이 상상이 가는가? 세상의 편견이 그를 힘들게 했을 것이다.

그는 그렇게 3년 동안 1만 권을 읽었다. 엉덩이에 욕창이 생기도록 도서관 자리를 지켰다. 지독한 사람이다. 그러고는 세상으로 나와 1만 권 안에서 뛰놀던 생각을 하나씩 토해내기 시작했다. 저절로 글쓰기가 되었다. 그렇게 100권이 쏟아져 나왔다. 김병완은 독서와 글쓰기에 미친 사람이다.

김병완 작가는 그의 책에서 "독서는 지식 습득이 아니라 생각하게 하는 것"이라고 이야기한다. 큰 충격을 받았다. 개인적으로 울림이 있는 한 문장이었다. 20년 동안 직장인의 독서를 하면서 지식을 습득하는 데 급급했다. 내 생각을 만든다는 것은 시도해보지 못했다. 책의 내용을 기억하고 한 번 써먹으면 그것으로 만족했다. 그러다 이제는 독서를 하면 내 생각을 정리하려고 노력하게 되었다. 저자의 생각에 비판도 해본다. 한 줄이라도 내 생각을 찾으려고 노력한다. 특별히 울림이 있는 책은 기록을 해가며 읽는다.

직장에서 글쓰기의 신이 되고 싶다면 성공률 100%의 비법이 하나 있다. 책을 읽는 것이다. "글쓰기로 도약한 거인들의 경험을 간접 체험하라. 글쓰기를 잘하고 싶다는 간절함이 있다면 책을 통해 거인들과 대화하라." 이것이 김병완 작가가 직장인들에게 전하는 성공의 비밀이다.

필자도 3년은 아니지만 여름 2주를 도서관에서 살았다. 그다음 석 달 동안 읽고 또 읽었다. 한 해 독서 리스트가 100권이 되었다. 시대를 앞서간 천재들에 비하면 보잘것없지만, 직장생활을 하며 틈틈이 읽어낸 100권이 소중했다. 나이 50이 되어가는 동안 이렇게 집중해서 독서를 해본 적이 없었다. 아내가 '남편이 요즘 왜 저러나?' 걱정했다고 한다.

짧은 기간에 집중해서 100권을 읽고 나니 글쓰기가 한결 편해졌다. 글이 써지는 신기한 경험을 했다. 지금 이 글을 쓰는 것도 1년 전의 나를 생각하면 기적 같은 일이다.

고작 100권의 효능이 그러한데, 김병완 작가는 1만 권이다. 그래서인지 그의 글에는 편안함이 있다. 독자가 글을 따라 사고하기에 막힘이 없다. 독자를 배려하는 글쓰기를 한다. 그런데도 그의 책을 읽고 나면 엉덩이가 들썩거린다. 그는 무언가를 실천하고 싶게 만드는 글쓰기를 한다.

글쓰기에 강한 직장인을 만드는 초서 독서법

김병완 작가는 1만 권을 읽으면서 다양한 독서법을 실험했다. 그중 하나가 초서(抄書) 독서법이다. 초서는 간략하게 말하면 책을 읽고, 생각하고, 쓰고, 창조하는 독서법이다. 다산 정약용은 사랑하는 아이들에게 보내는 편지에서 초서 독서법의 비밀을 이야기했다.

> "먼저 자신의 생각을 정리한 후 그 생각을 기준으로 취할 것은 취하고 버릴 것은 버려야 취사선택이 가능하다. 어느 정도 자신의 견해가 성립된 후에 선택하고 싶은 문장과 견해는 뽑아서 따로 필기해 간추려놓아야 한다. 그런 식으로 책 한 권을 읽더라도 자신의 공부에 도움이 되는 것은 뽑아서 적어 보관하고, 그렇지 않은 것은 재빨리 넘어가야 한다. 이렇게 독서하면 백 권이라도 열흘이면 다 읽을 수 있고, 자신의 것으로 삼을 수 있다."
>
> — 다산 정약용, 〈두 아들에게 답함〉

필자 또한 지난여름 초서 독서법을 실행해보았다. 개인적으로는 지난 40여 년의 독서와 여름 3개월의 독서를 비교조차 할 수 없다. 지난여름 3개월의 독서가 훨씬 가치 있었다. 더 많은 성장을 이루었고, 덕분에 내 생각을 쓸 수 있었으며, 출판사와 계약할 수 있었다. 20년 동안 버킷리스트 한 자리를 차지하고 있던 글쓰기 목표를 이루어냈으니, 충분히 의미있고 성공적인 독서였다고 생각한다.

연결해서 대안을 찾는 플랫폼 독서법

플랫폼 기업은 연결을 통해 가치를 창출한다. 독서에도 플랫폼 기법을 적용하면 효과를 극대화할 수 있다. 직장인 글쓰기에도 플랫폼 독서법을 적용하면 글쓰기 효과가 배가된다.

김병완 작가는 플랫폼 효과를 독서에 적용하는 방법을 소개했다. 비슷한 주제의 책 여러 권을 읽으며 하이퍼링크를 타듯 연결점을 찾아감으로써 해당 주제에 대한 지식 플랫폼을 구축하는 것이다.

> "주제와 연관이 있으면서 배울 것이 많은 책, 많은 독자에게 인정받는 책 위주로 10권 정도를 선정하여 구입해 읽는다. (중략) 반드시 읽은 내용은 초서해야 한다. (중략) 초서한 노트를 중심으로 이제는 연결하고 융합하여 하나의 거대한 해결책을 만들기 위해 재창조하고 재구성한다."
>
> — 김병완,《한번에 10권 플랫폼 독서법》(청림출판)

필자도 이 책을 쓰는 동안 플랫폼 독서를 했다. 먼저 50여 권의 글쓰기 관련 도서를 가볍게 읽었다. 그중 핵심이 되는 10권의 책을 선별해서 초서하며 읽어나갔다. 초서한 내용을 다시 읽으면서 연결하고 생각을 정리했다. 목차가 나오고, 글감이 나왔다. 스토리가 나오고, 문장이 만들어졌다. 평범한 직장인인 필자도 플랫폼 독서법을 활용하면서 당신과 이 글을 통해 소통할 수 있게 되었다. 필자가 글쓰기를 위해 선택했던 10권의 책은 다음과 같다.

- 강원국,《강원국의 글쓰기》, 메디치미디어
- 강원국,《대통령의 글쓰기》, 메디치미디어
- 강원국·백승권·박사,《강원국 백승권의 글쓰기 바이블》, CCC
- 김병완,《한번에 10권 플랫폼 독서법》, 청림출판
- 김정운,《에디톨로지》, 21세기북스
- 나탈리 골드버그, 권진욱 옮김,《뼛속까지 내려가서 써라》, 한문화
- 사이토 다카시, 임해성 옮김,《직장인을 위한 글쓰기의 모든 것》, 21세기북스
- 송숙희,《150년 하버드 글쓰기 비법》, 유노북스
- 스티븐 킹, 김진준 옮김,《유혹하는 글쓰기》, 김영사
- 유시민,《유시민의 글쓰기 특강》, 생각의길

직장에서 중요한 보고서를 작성한다면, 우선 10가지 정도 검

증된 자료를 모으자. 관련 내용을 읽으면서 초서를 하자. 노트에 해도 좋고, A4 이면지에 해도 좋다. 필자는 전지에 한 적도 있고, 회의실에 걸린 대형 화이트보드에 초서를 한 적도 있다.

그런 다음 초서한 내용을 읽고 또 읽는다. 눈이 아닌 뇌가 읽는다는 느낌으로 생각을 정리해간다. 내 안의 온 신경을 초서 내용에 집중한다. 비슷한 내용은 연결하고, 서로 다른 내용은 융합한다. 나만의 해결책이 만들어지도록 내용을 재창조하고 재구성한다. 일 잘하는 직장인들은 이미 이렇게 하고 있다. 배우지 않았어도 오랜 글쓰기 경험을 통해 체득한 노하우다.

즐기는 사람을 이길 수 없다

김병완 작가는 도서관에서 보낸 3년이 즐거웠다고 한다. 즐겁지 않다면 40대에 3년을 도서관에서 보내지는 못했을 것이다. 그는 늘 즐거워 보인다. 책 읽는 모습이 그렇게 즐거워 보일 수 없다. 그는 "책을 읽는 것은 뛰어난 사람을 만나 대화하는 것과 같다"고 말한다. 책을 통해 천재들과의 대화를 즐기는 것이다.

평범한 직장인 김병완은 자신만의 독서를 통해 개인의 혁명을 이루어냈다. 100여 권을 출간한 베스트셀러 작가가 되었다. 김병완 작가가 특별하다고 생각하지는 않는다. 평범한 직장인인 우리도 할 수 있는 일이다. 자신에게 적합한 독서법을 찾고 일정량 이상의 책을 읽으면 생각이 고인다. 생각이 모이면 글이 된다. 글이 모이면 책이 되고 콘텐츠가 된다.

직장인이 글쓰기를 즐기기 어렵다는 것을 안다. 그래도 즐기며 글쓰기를 하려고 노력하면 결과물이 달라진다. 시간이 언제 지나가는지도 모르게 몰입하게 된다. 즐기면서 쓰는 당신을 이길 사람이 없게 된다. 글에 설득력이 넘치게 된다. 회사에서의 글쓰기를 즐기려고 노력해보자.

글쓰기에 강한 이 차장은 업무 시작 후 1시간 동안 경영 및 비즈니스 관련 자료를 읽는다. 아는 것이 없으면 쓸 수 없기 때문이다. 읽지 않으면 생각할 수 없기 때문이다. 입력이 없으면 출력이 나올 수 없다. 양질의 자료를 많이 읽어야 글쓰기에 힘이 생긴다. 자료를 읽지 않고 자연스럽게 글쓰기를 하는 동료는 한 사람도 본 적이 없다. 직장인으로서 당신에게 독서는 무엇인가?

오답노트를 쓰세요

_ 정은경

"정은경 청장은 보고를 받으면 노트에 다 적는다.
그런 노트가 몇 권이 되는 걸로 안다. 그 노트에 지시해야 될 사항,
지시한 사항, 오늘 처리해야 할 사항이 다 적혀 있다.
보고할 때 예전 내용을 다 찾아본다. 그래서 거짓말을 하면 안 된다.
물론 그걸 근거로 따지는 건 못 봤다.
하지만 적는 것 자체로 부담이다. 엄청 성실하게 적는다."
— 정기석, 전 질병관리본부장

2020년 초반 코로나19로 전 세계가 패닉에 빠졌다. 2015년
메르스에 처절하게 고통 받았던 국민들은 공포에 떨었다. 대한
민국 경제가 통째로 멈춰섰다.

그때 홀연히 나타난 직장인이 있다. 국가를 위해 일하는 공무
원이다. 그녀는 차분한 어조로 국민들을 안심시켰다. 정치적 욕
심도 없이 묵묵하게 자기 일을 해나갔다. 메르스 때 실수한 경
험을 반면교사 삼아 코로나19 방역체계를 진두지휘했다. 흔들
리지 않는 위기대응 리더십에 국민들이 신뢰를 보냈다. 누구나

알겠지만 그녀는 정은경 청장이다. 대한민국 방역체계를 담당하고 있는 정은경 청장이 직장인 글쓰기에 던지는 메시지는 무엇일까?

오답노트는 수험생뿐 아니라 직장인에게도 필요하다

전(前) 질병관리본부장 정기석 교수는 정은경 청장의 성공 비결 중 하나로 그녀의 노트를 언급한다. 정은경은 일하는 모든 것을 적는다고 한다. 보고사항, 지시사항, 지시받은 내용, 새로운 정보, 아이디어들을 적는다. 덕분에 직원들은 정 청장에게 '거짓말을 할 수가 없다'고 투덜거리기도 한다. 모든 것이 적혀 있기 때문이다. 그녀의 노트 때문에 상사도 조심한다고 한다. 상사의 말이 정 청장의 노트에 다 담겨 있기 때문이다. 정보와 경험을 끊임없이 기록하는 정은경 청장의 실력은 최고일 수밖에 없다.

〈타임〉지는 '2020 세계에서 가장 영향력 있는 100인' 명단에 정은경의 이름을 올렸다. 해당 기사에는 문재인 대통령의 인터뷰가 실렸다. 문재인 대통령은 "코로나19 팬데믹 상황에서 정은경 청장은 방역 최전선에서 국민과 진솔하게 소통해 K방역을 성공으로 이끌었다. 코로나 발생 6개월 전부터 '원인불명

집단감염 대응절차' 매뉴얼을 마련했다"면서 공적을 높이 평가했다. 선제적 준비와 대응능력 뒤에는 그녀의 꼼꼼한 노트 쓰기가 있었다.

정은경 청장에게도 뼈아픈 실패 경험이 있다. 2015년 메르스 사태다. 당시 정 청장은 중앙메르스관리대책본부 현장점검반장으로 활동했다. 감염 예방과 역학조사 과정을 이끌었다. 공식 언론 브리핑으로 국민들에게 상황을 전달했다.

세계적으로 메르스 환자는 대부분 중동 지역에서 발병했다. 그러나 예외적으로 우리나라에서 무려만 186명의 감염자가 발생했다. 대한민국은 사우디아라비아에 이어 메르스 환자가 두 번째로 많은 국가라는 오명을 떠안았다. 메르스 초기 방역에 실패했다는 국민적 비난을 받았다. 정 청장은 메르스 사태 확산을 막지 못했다는 이유로 '정직' 징계를 받기도 했다.

정 청장은 좌절하지 않았다. 실패를 반면교사 삼아 도약을 준비했다. 특별한 노트를 쓰기 시작했다. 실수, 오류, 실패를 적어 내려갔다. 실패를 반복하지 않기 위해 노력했다. 정 청장 주변 사람들은 이것을 '정은경의 오답노트'라 불렀다.

정 청장은 집단감염 대응과정에서 발생한 실수, 오류, 대응상 허점들을 꼼꼼히 기록했다. 이러한 오답들이 모여 〈2015 메르스 백서〉가 됐다. 백서에는 메르스 질병의 특성, 글로벌 동향, 방역 대응과정, 대응평가, 교훈, 제언이 담겨 있다. 실패가 모여 자산이 된 것이다. 메르스 백서에서 쌓은 지식과 경험은 2020년 코로나19 대응의 귀중한 밑거름이 되었다.

정은경의 글쓰기는 포기하지 않는다

그녀는 코로나19 대응에 정신없는 와중에도 질병관리본부 상황, 대국민 대응상황, 코로나 확산상황을 기록하고 있다. 현재도 코로나19 대응과정에서 실수는 없었는지 자료를 정리하고 또 정리한다고 한다. 좀처럼 진정되지 않는 코로나19 상황에서 질병관리본부는 수시로 여론의 질타를 받고 있다. 그러나 필자는 믿는다. 정은경 청장은 도망가지 않을 것이다. 오답노트를 쓰는 한 실패를 두 번 반복하지는 않을 것이다. 코로나19 사태가 끝난 후에 정치적 논란의 색안경을 벗고 정 청장의 글쓰기에 대해 깊이 있게 이야기 나누는 시간이 속히 오기를 기대해본다.

글쓰기는 분류와 재조합이다

_ 강원국

"첫 직장인 대우증권 홍보실에서 '대우증권 20년사'를
발간하라는 임무를 맡게 된 게 시작이었죠.
처음에는 외부 필진을 돕는 일을 했는데 사정이 생겨서
집필자가 공석이 되었어요. 창립기념일은 다가오고, 쓸 사람은 없고.
덜컥 그 일을 맡았죠. 다행스럽게도 그 미션을 잘해냈고,
그 후 사보와 사내방송 일을 하게 되었어요.
자꾸 글 쓸 일이 생기니 글 쓰는 게 두렵지 않게 되더라고요."

— 강원국, H그룹 사내 강의 중

강원국은 기업에서 17년, 청와대에서 8년 등 무려 28년간 조직에서 글쓰기를 했다. 직장인 글쓰기의 대가라 해도 과언이 아니다. 직장인 글쓰기를 고민하다 보니 강원국 작가의 책과 강의를 피해갈 수 없었다. 글쓰기에 관한 책, 칼럼, 인터뷰, 유튜브 강의가 넘쳐났다. 직장인 글쓰기에 관한 한 누구보다 깊이 고민하고 충실히 경험한 작가다. 《회장님의 글쓰기》, 《강원국의 글쓰기》, 《대통령의 글쓰기》가 그의 대표 저서다. 책을 통해 강원국은 직장인 글쓰기에 대해 끊임없이 조언하고 있다.

《대통령의 글쓰기》는 정공법이다. 글쓰기의 기본을 말해준다. 덕장 유비처럼 부드러운 글쓰기를 소개한다.《회장님의 글쓰기》는 아름다운 직장생활만 이야기하지 않는다. 직장생활의 민낯을 그대로 드러낸다. 조조와 같은 지략적 글쓰기도 다룬다. 상사와 경영진의 유치한 생각도 낱낱이 밝힌다. 아름다운 포장 대신 현실에 필요한 직장인 글쓰기를 소개한다.

강원국 작가의 코칭을 받는 후배 입장에서 그의 책들을 읽었다. 유튜브 강의를 들어봤다. 인터뷰를 참고했다. 그런 다음 직장인에게 바로 적용할 수 있는 글쓰기 조언을 필자가 재창조해 보았다.

글쓰기는 직소퍼즐이다

직소퍼즐을 해본 적 있는가? 500피스, 1000피스짜리 퍼즐을 해보았으면 잘 알 것이다. 직관적으로 바로 퍼즐 조각을 맞출 수는 없다. 퍼즐 조각이 너무 많아서다. 일단 분류 작업(grouping)이 필요하다. 비슷한 색감대로 분류한다. 필자가 고흐의 '밤의 카페테라스' 직소퍼즐로 맞출 때는 카페 건물의 노르스름한 색 계열, 밤하늘 색 계열, 푸르스름한 색 계열로 분류했다. 그다음 다시 3가지 색깔 안에서 각각의 모양에 따라 하위 분류를 했다. 무작정 덤비는 것보다 훨씬 빠르게 완성할 수 있었다.

직장인 글쓰기도 마찬가지다. 먼저 쓰고자 하는 내용에 대해 떠오르는 대로 생각을 적는다. 글감과 관련된 자료를 모은다. 다음으로 이것들을 큰 묶음으로 나눈다. 3개, 많게는 5개까지도 묶일 수 있다. 이 작업을 마무리하면 글쓰기는 사실상 거의 끝난 것이다. 내가 가지고 있는 정보와 생각을 쭉 늘어놓고 묶어가는 방식을 사용하면 쉽게 글을 쓸 수 있다.

강원국 작가는 김대중 대통령이 이런 방식으로 글을 썼다고 소개하고 있다. 김대중 대통령은 '첫째, 둘째, 셋째'로 나열하며 순서대로 글을 썼다고 한다. 읽는 사람이 이해하기 쉽고 기억에 남는 구성법이다.

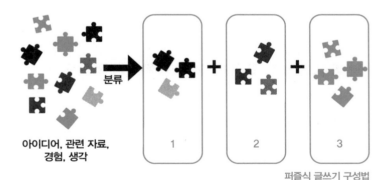

아이디어, 관련 자료, 경험, 생각   분류   1   +   2   +   3

퍼즐식 글쓰기 구성법

지금 필자가 쓰는 이 글도 그렇다. 강원국 작가의 글쓰기 조언은 무척 많다. 그중에서 필자는 직장인에 대한 조언만 골랐다. 비슷한 조언들을 묶은 다음 각각의 내용에 필자의 생각을 더해 쓰고 있다. 그렇게 한 편의 글이 되었다.

'구슬이 서 말이라도 꿰어야 보배'라고 한다. 직장인의 글쓰기에 딱 맞아 떨어지는 속담이다. 아무리 많은 정보와 아이디어가 있어도 제대로 꿰지 않으면 가치 있는 글이 되지 못한다.

글쓰기는 레고다

주재원으로 근무할 때 아들 녀석에게 레고를 많이 사주었다. 낯선 환경에서 외국인학교를 다니는 것이 안쓰러워 사달라는 대로 사주었다. 레고를 자녀들에게 사줘본 분들은 알 것이다. 완성품과 설명서는 사라지고 레고 조각만 돌아다닌다.

어느 날 아들이 레고 조각으로 무언가 만들길래 지켜보았다. 기존의 레고 조각들을 이리저리 조합해가며 자동차를 만들고 있었다. 세상에 없는 자신만의 자동차를 만든 것이다. 레고가 정해준 대로 만든 것이 아니다. 기존의 레고 조각을 활용하고 조합해 새로운 창조물을 만든 것이다.

직장인의 글쓰기도 레고와 같다. 창조가 아니라 조합이다. 직장인에게 완전히 새로운 아이디어, 생각, 경험은 단언컨대 없다. 가지고 있는 정보와 기존 경험을 새롭게 조합하여 글로 남기는 것이다. 언젠가 보았거나 들어서 느끼고 생각한 것을 쓰면 된다. 영감이나 직관으로 쓰는 게 아니다. 자료로 쓰는 것이다. 기존의 자료를 비틀거나 빼고, 나누고, 섞으면 새로운 것이 나온다. 영감과 직관조차도 자료를 보거나 글을 쓸 때 나온다. 자료를 열심히 보는 습관을 들이면 영감과 직관도 자란다. '창조'라는 말에 주눅들지 말고 열심히 자료를 찾아라. 유에서 유를 창조하는 게 글쓰기다. 쓰려고 하는 답은 분명 어딘가에 있다.

무수한 레고 조각들	아들이 재창조한 레고 자동차

초등학생 아들은 기존 레고 조각을 조합해 자동차를 재창조했다.

글쓰기는 상사와의 심리전이다

인사팀 모 차장은 명문대, MBA, 컨설턴트 출신에 보고서도 잘 만드는 뛰어난 직원이었다. 그럼에도 평가가 좋지 못했다. 이유는 하나다. 상사의 코드를 맞추지 못했기 때문이다. 보고서를 쓸 때 상사의 의중을 반영하지 않고 자기 생각만 담았다. 보고할 때도 상사 이야기를 듣기보다는 자기 의견을 관철하려고 목소리를 높였다. 경영진 보고에서도 자기 목소리를 관철하려 하다가 사달이 났다. 연말인사에서 다른 본부로 전출된 것이다.

회사에는 이런 직원이 꼭 있다. 글은 잘 쓰는데, 고과가 좋지 못하거나 승진이 안 되는 경우다. 답은 하나다. 상사의 의중을 파악하지 못하기 때문이다. 상사와 코드를 맞추지 못하기 때문이다. 글쓰기는 나의 만족을 위한 유희가 아니다. 상사의 목소리를 담아내려는 노력이 필요하다.

상사의 의중을 파악하라. 글의 독자는 상사다. 보고서를 통해 '상사의 궁금증 풀어주기'가 본질이다. 상사가 원하는 해답은 무엇인가? 문제가 있다면 푸는 방법은 무엇인가? 새로운 일의 추진전략과 방안은 무엇이고 기대효과는 무엇인지를 글쓰기에 담아야 한다.

이때 '상사의 상사'를 염두에 두고 쓰면 도움이 된다. 당신의 상사가 임원이나 경영진에게 칭찬받을 수 있는 보고서를 쓰겠다고 결심해보자. 대충 쓸 수가 없다. 최적의 해결책과 경영층이 생각할 만한 아이디어를 짜내게 된다. 그럴수록 상사의 기대를 뛰어넘는 보고서가 나온다. 상사도 자기 생각을 뛰어넘는 보고서를 보면 '헉' 소리가 나온다. 팀원이지만 마음으로 존경하게 된다.

강원국 작가는 책을 쓸 때 직장인 후배와 대화하듯이 쓴다. 후배에 대한 애정이 느껴진다. 강 작가가 직장인 글쓰기 특강 차 필자의 회사를 방문했다. '직장인 후배들에게 단 하나의 조언을 한다면?'이라는 질문을 던졌다. 그는 곰곰이 생각하더니 마지막 조언을 후배들에게 건넸다.

"직장인의 글은 나 자신이다. 자신의 경험을 솔직하게 써보라. 세 줄이라도 좋다. 단, 매일 쓰라. 꾸준히 쓰는 것이 중요하다. 내가 쓴 글의 양이 쌓이고 수준이 높아지면 나의 수준도 함께 높아지고 직장에서 성장하게 될 것이다."

에필로그

AI가 직장인의 글쓰기를 대체할까?

필자가 다니는 회사에도 4차 산업혁명의 바람이 거세다. 자율주행이 운전을 대신한다고 한다. 필자가 타는 쏘렌토에도 자율주행 2단계 기술이 적용돼 있다. 운전이 너무 편해졌다. 2020년 7월 상해 세계인공지능회의(WAIC)에서 일론 머스크는 테슬라가 5단계 자율주행 기술에 근접했다고 발표하기도 했다.

자율주행 기술이 완전히 정착되면 고용에 영향을 미칠 수 있다. 운송업에서는 운전기사를 고용할 필요가 없다. 스마트 팩토리 도입으로 공장에서 일하는 블루칼라 직원들의 설 자리가 줄어들고 있다. 노동계에서도 기술발전에 따른 일자리 감소를 기정사실로 받아들이고 미래를 심각하게 고민하는 상황이다.

필자의 주요 업무 중 하나는 해외에서 일어나는 비즈니스 이슈를 분석하고 선제적 대응방안을 마련하는 것이다. 예를 들어 미국 대선 결과에 대한 자료와 데이터를 분석해 미국법인에 어떠한 영향이 예상되며, 어떻게 대비해야 하는지 도출한다. 분석한 결과를 미국법인과 공유하고 함께 실행한다.

　얼마 전 보고서 작성을 마치고 후배와 이야기를 나누다가 이런 생각이 들었다. 'AI가 직장인의 글쓰기를 대체할 수 있지 않을까?' '옆자리에 인공지능 동료가 앉는 것은 아닐까?'

　당신은 어떻게 생각하는가?

AI가 인간의 직업을 대신할 것인가?

　미국 하버드대 경제학 박사 대니얼 내들러(Daniel Nadler)는 켄쇼테크놀로지라는 인공지능 스타트업을 설립했다. 딥러닝 기술을 탑재한 인공지능을 실용화한 기업이다. 그들이 개발한 '켄쇼(Kensho)'는 금융 AI다. 사람이 며칠에 걸쳐 할 일을 켄쇼는 3~4분 만에 처리할 수 있다. 분석의 양과 질 측면에서도 금융 전문가를 능가하는 수준이다.

　인공지능 켄쇼가 골드만삭스에 입사했다. 그곳에서 켄쇼는 기업 실적, 주요 경제지표, 주가 움직임, 현재 주요 이슈, 각종 정부기관에서 내놓는 보고서 등 금융 관련 데이터를 모으고 분석한다. 이를 통해 투자방식을 추천한다. 켄쇼는 24시간 내내 돌아간다. 먹지도 마시지도 쉬지도 않고 퇴근도 없다. 그 결과 켄쇼는 골드만삭스 고액연봉자 600명이 한 달 가까이 처리해야 하는 일을 3시간 20분 만에 끝냈다. 600명은 졸지에 회사에서 할 일이 없어졌다. 598명이 해고되었다. 남은 사람은 단 두 명, 그들의 업무는 인공지능을 보조하는 것이다. 사람이 인공지능의 지시를 받는 처지로 전락한 것이다. 아이비리그를 우수한 성적으로 졸업한 최고의 인재들이 쓸모없어지고 있다.

필자도 주식투자를 한다. 책도 읽고 유튜브도 보면서 투자종목을 고른다. 수익률이 그럭저럭이다. 인공지능을 이용해 종목을 선정하고 투자하는 투자사가 있다. 필자의 돈을 맡겼다. 필자가 직접 투자하는 것보다 수익률이 2배 이상 높다. 게다가 리스크까지 염두에 두고 투자금액을 관리한다. AI에 완패다.

기계화와 자동화가 블루칼라 노동자를 대체하는 것에 대해서는 수용하는 분위기가 있었던 것이 사실이다. 블루칼라 노동자의 작업은 단순 반복적인 일이 많기 때문이다. 인간이 단순 육체노동에서 해방돼 지식근로자로 거듭난다는 공감대가 있었다. 이제 인공지능은 지식근로자의 일자리를 대체하고 있다. 켄쇼 같은 화이트칼라 로봇의 등장은 지식근로자의 대량해고를 유발할 수 있다.

지금도 화이트칼라 로봇은 속속 개발되고 있다. 숫자와 데이터만 입력하면 알아서 척척 보고서까지 만든다. RPA(Robotic

Process Automation, 온라인 정보를 검색한 뒤 데이터를 입력하는 등 반복적인 업무를 자동화한 시스템) 덕분이다. 그 핵심은 머신러닝이다. 특히 딥러닝으로 AI 스스로 데이터를 학습하고 알고리즘을 개선하는 게 가능해졌다. 인공지능이 지식근로자처럼 스스로 학습하고 성장한다는 뜻이다.

IBM이 개발한 '닥터 왓슨'은 인공지능이 의사의 역할을 대신할 수 있다는 것을 보여주었다. 추론형 AI 왓슨은 방대한 의학 지식을 자동으로 분석해 진단을 내놓는다. 왓슨은 의료뿐 아니라 회계, 엔지니어링 등 다양한 분야에서 전문가를 보조할 수 있다. 왓슨이 더욱 발달하면 전문가를 대체할 수도 있다고 보고 있다. 영국 옥스퍼드대 마틴 스쿨 연구팀의 칼 프레이(Carl Frey)와 마이클 오즈번(Michael Osborne)은 2013년 "고용의 미래(The Future of Em ployment)"라는 보고서를 발표했다. 미래 일자리의 약 47%가 로봇으로 대체된다는 내용이었다.

AI가 대체할 일자리는 업종에 따라 편차가 있다. 사람과 사람 사이의 소통이 필수적인 분야에서는 AI가 대체할 직업이 적다. 반면 자율주행, 변호사, 금융업과 같이 정보와 데이터를 분석해 솔루션을 찾아내는 직업은 AI에 대체될 가능성이 높다. 직장인의 글쓰기가 바로 여기에 해당된다.

AI는 지금도 글을 쓴다

우리는 이미 인공지능 글쓰기를 일부나마 경험하고 있다. 구글의 스마트 답장 같은 기능이다. 사용자가 문장 일부를 작성하면, 나머지 부분이 자동으로 완성된다. 스마트폰에서 메시지를 보낼 때 쓰는 단어 자동완성 기능도 인공지능의 일부다. 단어의 첫 글자를 입력하면 추천 단어를 보여준다. 이미 우리는 인공지능이 글을 쓰는 시대로 들어와 있다.

한 연구진이 소설 《반지의 제왕》 속 문장을 인공지능 시스템에 입력하자, 뒷부분을 인공지능이 이어서 써나갔다. 다음의 문장이다.

"오크족의 대응은 괴상한 발톱으로 귀를 먹먹하게 할 정도의 맹습을 날리는 것이었다. 오크족을 공격하기 위해 선두에 선 김리는 '난쟁이여 안심하라'라고 말했다."

인간 작가가 쓴 소설의 한 구절이라 해도 믿을 만한 문장이다. 캐릭터의 특성과 이야기 흐름을 정확하게 분석하고 새롭게 창작해낸 것이다. 소설을 쓸 수 있다면 어떠한 글도 쓸 수 있지 않겠는가?

이미 마이크로소프트는 인공지능으로 직장인의 업무 효율을 높여주는 서비스를 개발했다. 파워포인트는 사진과 문구를 넣으면 가장 어울리는 서식을 자동으로 찾아준다. 직장인들은 보고서를 작성하면서 적절한 서식을 찾는 데에도 많은 시간을 들인다. 이 시간을 아끼기 위해 필자는 유용한 서식만 수집해 파일로 관리하고 있다. 이제는 이렇게 따로 모아둘 필요도 없다. 글이나 사진 위치만 조정하면 그대로 문서 작업이 끝난다. 이메일 프로그램 아웃룩은 사용자의 패턴을 AI로 분석해 중요한 메일을 스스로 표시해 알려준다. 이미 AI가 직장인의 글쓰기에 침투해 있다.

LG전자도 최근 사무 업무에 RPA 기술을 도입했다. 영업, 마케팅, 구매, 회계, 인사 등 12개 직군 120개 이상의 업무에 인공지능을 도입한 것이다. 보고서 관련 데이터를 내려받고 특정 양식의 보고서에 입력하는 작업을 AI가 대신한다. LG전자 직원들은 보고서 작성을 인공지능과 협업하고 있다.

이밖에도 현대차그룹과 같은 제조업, 국민은행과 같은 금융업 등 분야를 가리지 않고 인공지능 사무 로봇의 도입을 추진 중이거나 검토하고 있다. 해당 기업의 재무/비재무 데이터를 AI가 수집하고, 분석까지 맡아서 진행한다. 법조계에서는 AI가 수억 건의 판례를 분석하고 어려운 법률 문서도 스스로 작성한다. 고용시장에서는 'AI 면접관'이 등장했다. 자기소개서 검토부터 면접까지 AI를 도입하는 기업이 늘고 있다.

AI가 직장인 글쓰기를 대신할 수 있을까?

이제 생각해보자. AI가 직장인의 글쓰기를 대신할 수 있을 까? 인공지능 로봇이 상사를 감동시키는 글을 쓸 수 있을까? 그 게 가능하다면 인공지능 로봇은 수집 가능한 세상의 모든 정 보를 바탕으로 3~4분에 하나씩 보고서를 생산할 수 있을 것이 다. 자료와 데이터를 수집하고 분석하는 것은 인공지능의 전문 분야다. 사람보다 더 빠르고 정확하다. 훨씬 광범위한 데이터를 분석할 수 있다. 여러 가지 해결책을 딥러닝하면 분석한 내용을 기반으로 최적의 솔루션을 제시할 수도 있다. 심지어 AI 로봇이 대량생산되면 고용비용도 저렴해질 것이다. 인공지능 로봇이 직장인의 보고서를 쓰게 된다면 직장인들은 손을 놓아야 할지 도 모르겠다.

필자의 동료로 AI 로봇이 입사했다고 상상해보았다. 필자의 업무 중 하나는 글로벌 동향을 파악해 리스크를 감지하고 솔루 션을 제안하는 일이다. AI 로봇 동료는 이 업무를 할 수 있다. 오 히려 필자보다 더 광범위하고 촘촘하게 파악할 것이다. 종합한 글로벌 동향과 데이터를 기반으로 적절한 솔루션을 뽑아낼 것 이다. 기존에 입력된 솔루션 중에서 최적의 대안을 찾을 것이다. 머신러닝을 통해 필자보다 더욱 정교하고 효과적인 솔루션을 뽑아낼 수도 있을 것이다. 필자는 글쓰기를 그만두어야 한다.

조직진단, 기업 전략 수립, 마케팅과 같이 기존 데이터 분석을 통해 솔루션을 찾아내는 모든 영역에서 AI는 인간의 글쓰기를 대체할 수 있다. 그리고 불가피한 시대의 흐름이다. 현재도 인간 직원의 글쓰기를 돕고 있다. 지금은 인공지능이 인간을 보조하지만, 그 관계가 역전될 가능성은 얼마든지 있다.

사람만이 할 수 있는 글쓰기

1800년대 초반, 산업혁명으로 기계가 인간의 노동력을 대체하기 시작했다. 노동자들은 고용불안, 임금하락에 불안해했다. 두려움을 느낀 노동자들이 행동에 나섰다. 기계를 부수기 시작한 것이다. 이를 러다이트 운동(Luddite Movement)이라 한다. 지금은 어떤가? 러다이트 운동은 흔적을 찾아보기 어렵다. 사람들은 기계를 적절히 통제하며 이용하고 있다. 기계의 발전으로 사람들은 단순노동에서 해방되었다. 단순노동 대신 지식근로로 이동할 수 있게 되었다.

2009년 로마 교황청에서 발간하는 〈로세르바토레 로마노(L'Osservatore Romano)〉지는 "20세기 여성해방에 가장 크게 기여한 것은 세탁기"라고 보도했다. 세탁기의 등장으로 가사노동 시간이 획기적으로 줄었다. 가사노동에서 큰 비중을 차지했던 세탁시간이 줄면서 더 많은 여성이 고등교육을 받을 수 있었고, 사회활동에 참여할 수 있게 되었다. 이처럼 기계의 발전은 새로운 지식근로자를 만드는 데 기여한다.

우리 인류는 과거에 그랬던 것처럼 인공지능이라는 새로운 기계의 지배자가 될 것이다. 우리는 어떻게 인공지능을 업무와 글쓰기에 이용할 수 있을까?

데이터를 기반으로 분석하는 영역은 인공지능이 이미 사람을 넘어섰다. 남은 것은 인간만이 가진 능력이다. 창의성이 필요하고 사람만이 할 수 있는 복잡한 일이 있는 직업만 살아남을 것이다. 직장인의 글쓰기도 마찬가지다. 사람만이 할 수 있는 글쓰기만 살아남을 것이다. 창조적인 글쓰기를 하는 직원만이 생존할 것이다.

그러므로 일상적이고 반복적인 글쓰기는 인공지능에 맡기고 고부가가치를 창출하는 글쓰기에 집중해야 한다. 많은 기업이 업무 비효율을 제거하기 위해 노력하고 있다. 회의결과 정리, 전표작업, 동향 파악, 데이터 입력과 같은 단순업무는 인공지능이 지원할 수 있다. 인공지능을 통해 단순한 글쓰기를 효율화하려는 고민을 해야 한다. 그럼으로써 새로운 부가가치를 창출하는 창의적인 일에 더 많은 시간과 에너지를 쏟을 수 있다. 반대로 준비하지 않은 채 손놓고 있다가는 강제로 변화될 것이다.

2018년 10월 싱가포르 최대 이동통신사 싱가포르텔레콤은 모든 직원에게 사무용 로봇을 배치한다는 비전을 제시했다. '1인 1로봇' 시대를 열겠다는 것이다. 이 회사에서 46년간 근무한 HR 담당 임원 발레리 영 탄은 코딩에 문외한이었다. 2019년, 65세였던 그는 4일간 봇메이커(Bot Maker) 훈련을 받고 이틀간 해커톤에 참여한 뒤 자신의 업무에 최적화된 '발 봇'이라는 RPA를 직접 개발했다. IT 직군이 아니어도, 디지털 네이티브가 아니어도 누구나 필요한 기술만 익히면 인공지능을 곧바로 업무에 적용할 수 있음을 보여주는 사례다.

변화의 흐름은 거스르기 어렵다. 인공지능의 거대한 흐름은 직장인의 글쓰기에도 영향을 미칠 것이다. 1811년 근로자들이 그랬던 것처럼 우리도 인공지능 거부 운동을 벌일 것인가? 아니면 인공지능을 이용해 우리의 글쓰기를 발전시킬 것인가? 인공지능이 우리에게 묻고 있다.